사회는 외우는 게 아니야!

수다로 푸는 유쾌한 사회

사회는 외우는 게 아니야!

수다로 푸는 유쾌한 사회

배성호 글 | 박진주 그림

책과함께어린이

머리말

저는 이 책을 쓴 배성호 샘이에요. 책을 통해 여러분을 만나 정말 반가워요. 현재 저는 초등학교에서 어린이 친구들과 다양한 체험과 공부 그리고 놀이를 하면서 지내고 있어요.

여러분은 '사회' 하면 어떤 생각이 떠오르나요? 사회를 어렵고 골치 아프게 생각하는 친구들이 많을 거예요. 사회를 외워야 할 것이 많은 과목으로 여기기 때문이지요. 하지만 이건 사회의 진짜 모습을 제대로 보지 못했기 때문에 생긴 오해예요.

새 학년이 된 첫날, 반 친구들을 처음 만났을 때를 떠올려 볼까요? 처음에는 서로에 대해 잘 몰라 많이 어색했지요? 하지만 조금씩 알게 되며 자연스레 친한 친구 사이가 돼 있을 거예요. 사회도 마찬가지예요. 사회를 교과서를 펴고 달달 외워야 하는 과목으로 생각한다면 무뚝뚝하고 재미없는 친구처럼 느껴질 거예요.

사회 과목은 우리 주변의 이야기들을 생생하게 담고 있어요. 돈을 쓰고 지도를 볼 때, 텔레비전을 보거나 마트에서 물건을 고르면서도 우리는 '사회'와 마주하고 있어요. 이 책에서는 일상을 함께 들여다보며, 어렵게만 느꼈던 사회 과목을 쉽고 재미있게 풀어 가려고 해요.

이 책은 저, 배쌤이 실제로 수업한 내용과, 초등 사회 교과서를 쓰면서 생각해 온 내용들을 바탕으로 만들었어요. 따라서 이 책을 읽고 사회 교과서를 보면 교과서 속 사진과 그림들이 새롭게 다가올 거예요.

 이 책이 나올 수 있었던 것은 10여 년 넘게 교실 안팎 너른 세상에서 함께 공부했던 어린이 친구들 덕분이에요. 친구들과 함께 사회를 다양하게 체험하고 알찬 수업 시간을 열어 가면서 저 역시 사회가 마냥 어려운 게 아니라, 우리 삶에 생생히 다가오는 살아 숨 쉬는 친구 같다는 것을 느낄 수 있었거든요.

 학교에서 만난 친구들뿐만 아니라 지금 이 책을 읽는 전국의 친구들 모두 행복하고 건강하게 성장하길 바랍니다. 그리고 이 책을 통해 세상을 보는 눈과 생각을 키우고, 자신의 꿈을 마음껏 펼칠 수 있는 세상의 주인공이 되길 응원합니다. 이제 우리 '사회'라는 친구와 반갑게 마주해 볼까요?

배성호

차례

머리말　4

1 사회와 친해지기

지도로 보는 세상　10
돈으로 만나는 세상　24

2 토론하고 생각하는 사회

36　위인들의 비밀
44　부끄러운 역사를 감출 것인가, 기억할 것인가?
51　어떤 후보를 뽑으면 좋을까?
58　학교생활에서 벌어지는 찬반 토론

대중 매체 속 사회

생활 속의 다양한 광고   64
사회를 비추는 대중 매체   72
신문 기사로 다시 살펴보는 역사의 진실   79

두 발로 배우는 사회

88   박물관에서 유물을 만나는 방법
98   더불어 사는 사회
106   상품 진열의 비밀을 찾아서

세계화 시대의 사회

세계인의 축제, 올림픽   114
이어져 있는 세계   127
누구나 행복한 세상을 만들기 위하여   134

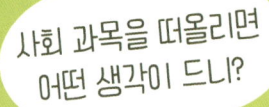

사회 과목을 떠올리면 어떤 생각이 드니?

　　　　사회를 좋아하는 친구들도 있지만 따분하고 어렵게 생각하는 친구들이 더 많을 거야. 심지어 부모님이나 선생님들 중에도 사회를 어려워하시는 분들이 있지. 그건 사회를 외워야 하는 것으로 생각해서 그래. 사회 과목은 사람들의 사는 모습과 세상 이야기를 생생하게 다루고 있어. 하지만 사회를 외워야 하는 것으로만 생각한다면 그런 생생함을 느끼기는커녕 머리 아프고 따분한 과목이 되고 말지.
　　지금부터 우리 일상을 들여다보며 사회를 만나 보려고 해. 먼저 흔히 볼 수 있는 지도와 돈을 가지고 이야기를 시작해 보자. 그러다 보면 사회와 점점 친해질 수 있을 거야.

1
사회와 친해지기

지도로 보는 세상

지도는 우리 생활 곳곳에 있어. 교실에 우리나라 지도나 세계 지도가 걸려 있는 것을 쉽게 볼 수 있지. 버스나 지하철에서도 지도를 마주할 수 있어. 버스나 지하철의 노선도도 사실 다 지도거든. 이뿐만이 아니야. 요즘에는 스마트폰에 생활용 지도가 있어서 맛있는 음식점이나 가게 위치를 쉽게 찾을 수 있어. 심지어 인공위성과 연결되어 내가 있는 곳에서 목적지까지 가는 길을 알려 주기도 해. 자동차 내비게이션처럼 말이야.

이렇듯 지도는 우리 생활과 뗄 수 없는 것이지. 이런 지도에 담긴 세상 이야기를 지금부터 시작해 볼게.

유럽의 축구 경기는 왜 한밤중이나 새벽에 할까?

첫 시간부터 앉아서 꾸벅꾸벅 인사를 하는 친구들이 많네? 가만히 보니 인사가 아니라 조는 거구나!

 어젯밤 손흥민 선수가 나오는 축구 경기를 봐서 그래요.
 왜 유럽에서 하는 축구 경기는 한밤중이나 새벽에 하는 걸까요?

오늘 주제와 관련된 중요한 이야기를 했네. 그 이유가 뭐라고 생각하니?

아이들이 공부 안 하고 텔레비전만 볼까 봐 그런 것 같아요.

 설마! 한밤중에 선수들이 운동이 더 잘돼서 그런 건 아닐까?

해답은 이 지도 속에 담겨 있어. 바로 세계 지도야.

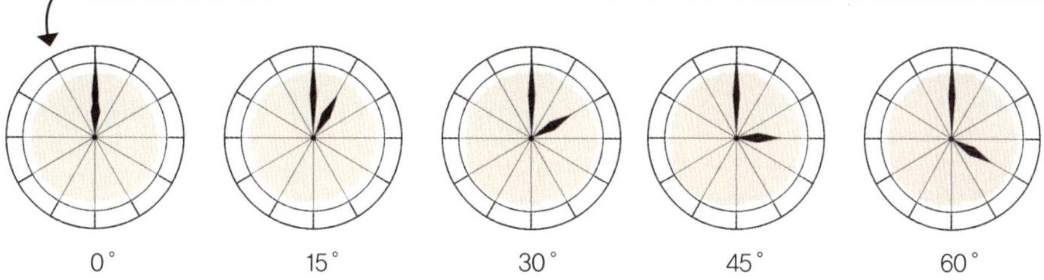

| 0° | 15° | 30° | 45° | 60° |

　세계 지도 위아래에는 시계가 일정한 간격으로 있어. 이 시계들은 가리키는 시각이 조금씩 달라. 세계 지도 속에 시계를 둔 것은 나라마다 시각이 다르다는 것을 나타낸 거야.

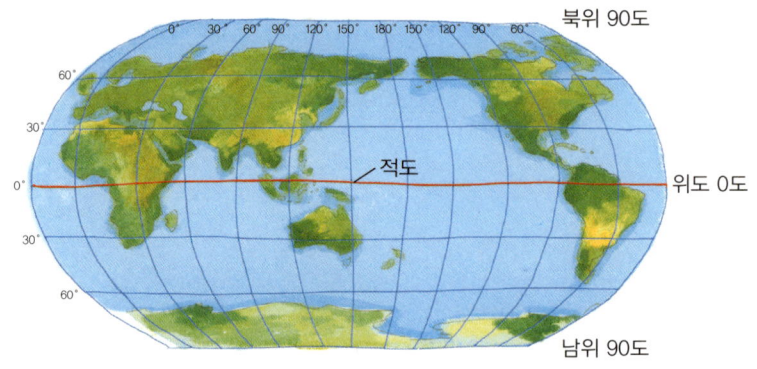

세계 지도에는 가로선과 세로선이 있어. 가로선은 위도, 세로선은 경도라고 하지. 위도의 기준은 적도로 북극과 남극의 딱 중간이야. 적도는 위도 0도로 표시하며, 적도에서 멀어질수록 위도가 높아져.

우리나라는 적도보다 북쪽에 있어. 북쪽 위도는 줄임말로 '북위'라고 표시해. 오스트레일리아같이 적도보다 남쪽에 있는 나라는 남쪽 위도의 줄임말인 '남위'라고 표시하지.

위도의 기준이 지구 한가운데를 지나는 적도라면, 경도의 기준은 어디일까? 힌트! 경도의 기준은 한때 어마어마한 땅을 차지했던 나라에서 정했어. 이 나라는 '해가 지지 않는 나라'로 불렸지.

 아, 그럼 러시아겠네요. 러시아는 유럽과 아시아까지 쫙 펼쳐져 있으니까.

땡, 바로 영국이야. 한때 영국은 전 세계 인구와 땅 중 4분의 1을 식민지로 차지했단다. 영국이 식민지로 삼은 나라 중 한 나라가 밤이어도 다른 한 나라는 낮이었어. 그래서 '해가 지지 않는 나라'라고 불린 거야.

영국은 수도 런던의 작은 도시인 그리니치에 천문대를 세워, 그곳을 경도의 기준으로 삼자고 했어. 즉 그리니치 천문대를 지나는 선이 경도 0도가 되었지. 동시에 그곳을 세계 시각의 기준으로 삼았어.

우리나라는 일본과 같은 경도 135도를 기준으로 시각을 삼고 있어. 경도 15도마다 1시간씩 차이가 나니까, 영국과 우리나라는 9시간 차이가 나. 우리가 저녁을 먹고 나서 쉬고 있을 때, 영국은 아직 점심시간도 되지 않은 거야. 그래서 영국에서 스포츠 경기를 저녁에 하면 우리나라에서는 다음 날 새벽에 보게 되는 거야. 이렇게 지역마다 시각이 다른 것을 '시차'라고 해.

어때? 궁금했던 것들이 지도를 살펴보니 풀렸지? 그건 그렇고, 아무리 축구가 좋아도 밤을 새며 보지는 말아 달라는 게 선생님의 당부!

38선과 휴전선

우리나라는 오늘날까지도 안타깝게 남북으로 나뉘어 있어. 그렇게 갈라놓은 선을 뭐라고 하는지 아니? 흔히 38선이라고 생각하지만, 정확히 말하면 '휴전선'이야. 38선은 북위 38도 위치에 남과 북을 가르는 경계선을 그어서 붙은 이름이야. 미국과 소련(소비에트 사회주의 공화국 연방)이 그은 것이지. 38선이 왜 생겼을까?
우리나라는 1945년 8월 15일에 독립을 했지만, 미국과 소련이 38선을 기준으로 남과 북을 갈라 점령했거든. 1950년에 한국 전쟁이 일어나면서 38선이 무너졌으나, 휴전을 하면서 38선 부근에 휴전선을 그었어. 그래서 38선과 휴전선이 완전히 일치하지는 않아.

세상의 중심은 어디일까?

세계 지도를 볼 때, 가장 먼저 어디를 보니? 일단 우리나라부터 찾아보는 사람도 있을 것이고, 자기가 좋아하는 나라나 앞에서 다룬 위도와 경도를 보는 사람도 있겠지.

어디부터 봐야 하느냐고 묻는다면, 선생님은 지도 한가운데를 먼저 보라고 하고 싶어. 그 부분이 지도의 핵심이기 때문이야. 지도를 만든 사람은 지도 한가운데를 세계의 중심으로 생각하고 만들거든. 지도 가운데 있는 지역이 그 지도의 주인공인 셈이지. 이제 옛 지도 하나를 같이 살펴볼까?

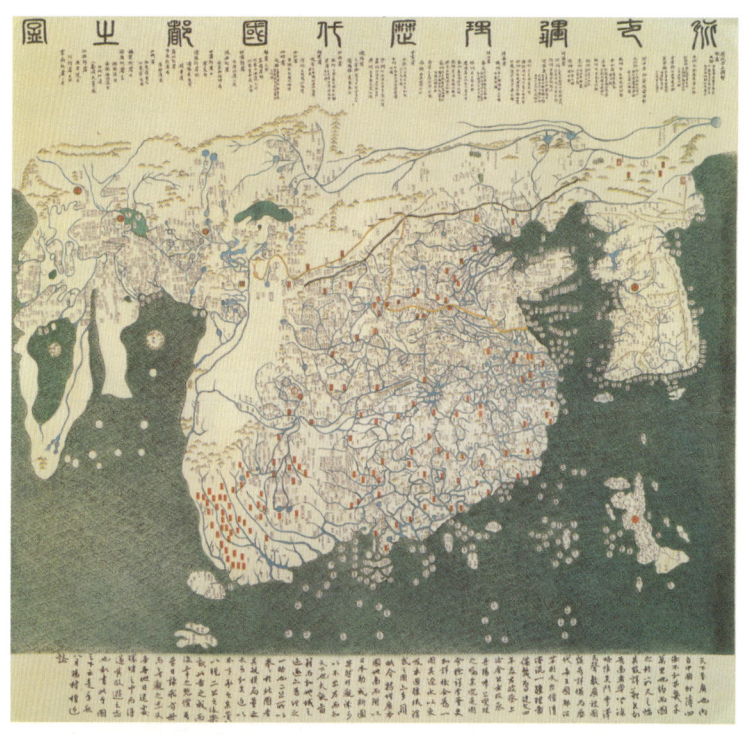

현재 남아 있는 동양에서 가장 오래된 세계 지도 〈혼일강리역대국도지도〉

무슨 지도인지 알겠니? 지도의 한가운데는 어느 나라 같니? 그래, 중국이야. 우리나라는 중국의 오른쪽에 있지. 그럼 이 지도는 어느 나라에서 만들었을까?

 중국이요. 중국을 가운데 두었으니까 중국에서 그렸겠지요.

땡! 이 지도는 우리나라에서 만든 거야. 조선 시대 초인 1402년에 만들어졌어. 현재까지 남아 있는 지도 중에 동양에서 만든 가장 오래된 세계 지도야. 조선에서 만들었는데 왜 중심이 조선이 아니고 중국일까?

이때는 중국을 세상의 중심으로 보았어. 그래서 중국을 한가운데에 둔 거야. 가장 왼쪽에 있는 땅은 아프리카야. 바로 옆의 길쭉한 땅이 아라비아 반도지. 실제와 달리 조선을 아라비아 반도나 아프리카보다 더 크게 그린 거야. 일본보다도 몇 배나 더 크게 그렸어. 게다가 일본은 원래 있어야 할 자리에 두지 않고, 우리나라 밑에 그려 놓았어. 그것도 뒤집힌 형태로 말이지. 당시 사람들이 일본을 중요한 나라로 여기지 않아서 일부러 조선보다 작게 그려 두었다고 해.

여기서 한 가지 더 생각해 볼 게 있어. 우리나라가 예로부터 '동방예의지국'으로 불렸다는 이야기를 들어 봤지? '동쪽의 예의 바른 나라'라는 뜻이지. 그런데 오늘날의 세계 지도를 떠올려 봤을 때 '동쪽'이라고 하는 게 과연 맞을까?

옛 지도에서는 우리나라가 제일 오른쪽인 동쪽에 있어 말이 되지만, 처음에 보았던 세계 지도에서는 가운데쯤에 있어요. 지금 쓰는 세계 지도를 보고 이름을 붙이면 우리나라는 '중앙예의지국'이 돼요.

그래, 그동안 우리는 무심코 우리나라가 동쪽에 있다고 생각했지만, 그건 우리가 아닌 중국의 눈으로 본 것이야.

이처럼 세상은 누구의 눈으로 보느냐에 따라 그 모습이 다르게 다가와. 지도 역시 어떤 부분을 집중해서 보느냐에 따라 알게 되는 사실이 달라지지. 그리고 사회 공부를 하다 보면 다양한 눈으로 세상을 볼 수 있게 된단다. 어때 계속 해볼 만하지?

지도가 세계의 역사를 바꿨다고?

우리가 맨 처음 살펴본 세계 지도는 네덜란드의 지리학자인 메르카토르가 생각한 방법으로 만든 거야. 메르카토르는 아무런 표지판도 없는 바다에서 길을 잃지 않고 다닐 수 있는 세계 지도를 만들고 싶었어. 그래서 1569년, 세계를 한눈에 볼 수 있고 방향과 각도가 정확한 지도를 만들었지.

평평한 종이에 어떻게 전 세계의 모습을 담아냈을까? 음, 우리도 귤로 만들 수 있어. 귤을 지구라고 생각하고 표면에 지도를 그리는 거야. 그런 다음 껍질을 벗겨 펼쳐 보면 돼.

그런데 이런 방법으로 지도를 만들다 보면 땅의 크기가 정확하지 않게 돼. 입체인 지구를 평면에 담는 과정에서 차이가 생기거든. 펼친 귤 껍질을 보면

유럽이 아프리카와 비슷할 정도로 커진 것을 알 수 있어. 바로 이 지도의 한계야. 둥근 지구를 평평하게 표현하다 보니, 극지방으로 갈수록 원래 크기보다 훨씬 더 크게 그려지게 된 거지. 이런 문제가 있지만 메르카토르의 세계 지도 덕분에 멀리 배를 타고 나갈 수 있게 되었어.

 그러면서 유럽 사람들에게는 미지의 땅이었던 아시아에 쉽게 도달할 수 있게 되었지. 아시아에 온 유럽 사람들은 무역을 요구하다가, 결국 아시아의 여러 나라들을 식민지로 삼아 버렸어.

 이런 일에 수백 년 전부터 앞장 선 사람이 있었어. 바로 탐험가로 잘 알려진 콜럼버스야. 콜럼버스 데이라고 들어 봤니? 콜럼버스가 아메리카 신대륙을 발견한 것을 기념하는 날이야. 그런데 '신대륙'이라고 해도 될까? 아메리카 대륙에는 원래부터 사람들이 살고 있었잖아.

미국의 한 초등학교에서는 이날, 콜럼버스에 대한 모의재판을 열었어. 그가 아메리카 원주민의 삶터를 빼앗고 목숨까지 앗아간 것에 대해 죄를 물은 거야. 콜럼버스를 영웅으로만 보지 않고 침략자로서 저지른 행동들을 문제 삼은 것이지.

이번에는 페터스라는 사람이 그린 지도를 살펴볼까?

 지도의 중심이 달라졌어요. 아프리카가 한가운데에 있어요.

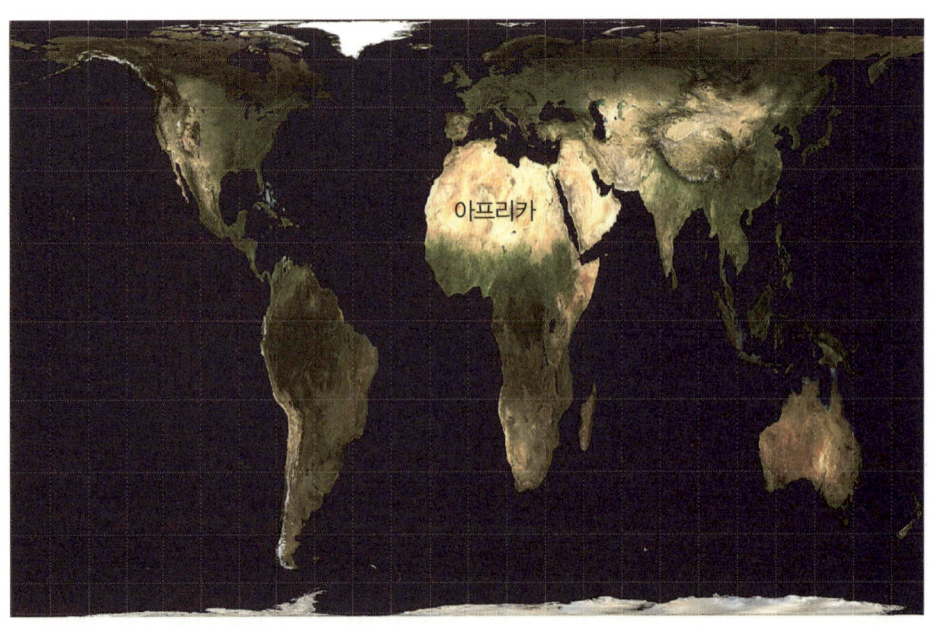

골—페터스 도법으로 그린 세계 지도

그래, 게다가 이 지도는 면적이 일정해서 나라별 실제 크기를 알아보기 좋지. 1973년에 만들어진 이 지도는 여태 큰 관심을 두지 않던 아프리카를 중심에 두어서 세계의 주목을 받았어. 아프리카 대륙은 지도에 보이는 것처럼 대단히 크지만 실제보다 작게 그려져 왔어. 이 역시 아프리카에 대한 생각이 지도에 반영된 것으로, 아프리카를 중요한 대륙으로 여기지 않은 것이지.

아프리카에는 여전히 굶주리는 어린이들도 많고, 나라 안에서 전쟁이 자주 일어나지. 선진국에 비하면 매우 불안하고 도움의 손길이 많이 필요한 곳이야. 그렇다면 아프리카가 겪고 있는 어려움이 왜 생겼는지 한번 살펴보면 좋겠어. 그 실마리도 지도에서 찾을 수 있지.

지도에 그어진 국경선은 나라와 나라 사이의 경계를 표시하는 선이야. 세계 대부분의 나라들은 자연 지형을 따라 국경선이 있어. 우리나라는 두만강, 압록강, 백두산을 따라 구불구불한 국경선이 있고, 남아메리카 칠레 같은 곳은 안데스 산맥이 자연스럽게 국경선 역할을 해. 그런데 아프리카의 국경선은 자로 그은 듯 유난히 반듯해. 왜 그럴까?

실제로 아프리카 국경선은 자를 대고 그어 만들었어. 과거에 영국, 프랑스 등 제국주의 국가들이 아프리카를 침략해 식민지로 삼을 때 벌인 일이지. 제국주의 국가들은 지도를 펼쳐 놓고 마음대로 선을 그으며 나라를 나누어 버렸어. 손쉽게 식민지를 나눠 갖기 위해서였지.

마음대로 그어 버린 국경선 때문에 같은 민족끼리 서로 나뉘거나 원수나 다름없는 부족이 같은 땅 안에 묶이게 되었어. 그래서 식민 지배에서 벗어난 뒤로도 아프리카에서는 내전이 계속 벌어지고 있지. 이런 상황에서 전쟁이 끝나지 않기를 바라며 아프리카에 무기를 파는 죽음의 상인들도 있어. 이처럼 여러 가지 이유들이 얽히며 아프리카는 전쟁의 두려움과 굶주림에 시달리고 있어.

새로운 세상을 열어 가는 지도

이번에는 오스트레일리아나 뉴질랜드의 학교에서 쉽게 볼 수 있는 지도야. 예전에 선생님이 이 지도를 교실에 붙여 놓자, 꼼꼼한 학생이 지도를 뒤집어 주었어. 그러면 선생님이 원래대로 돌려 놓았지. 그런 실랑이를 벌인 지 3일째 되는 날 그 학생이 폭발했어.

 선생님, 지도를 거꾸로 붙이시면 어떡해요? 이건 틀린 모습이잖아요!

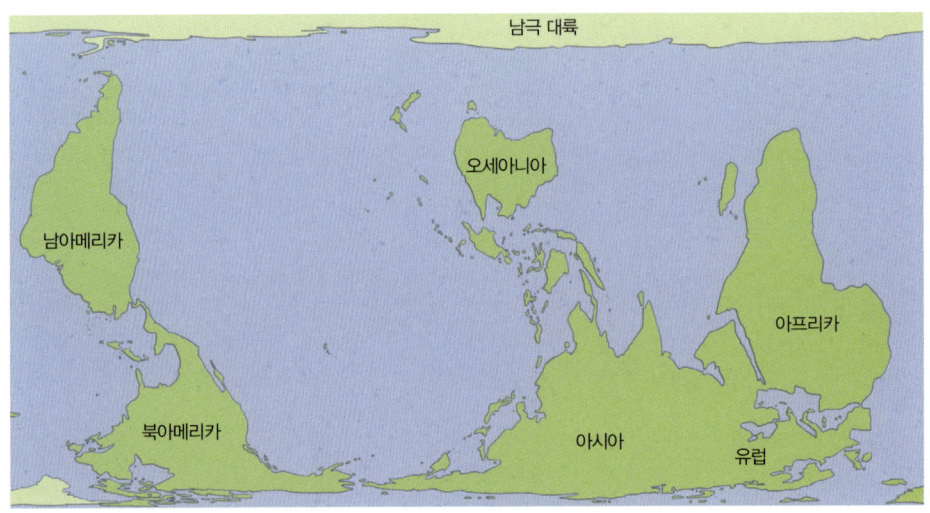

남반구 중심으로 그려진 지도

우리는 흔히 '다른 것'을 '틀린 것'으로 생각하는 것 같아. 평소 보던 것과 다르다고 해서 틀린 지도가 아니라 세계를 다르게 볼 수 있는 지도라고 할 수 있지. 실제로도 지구는 위아래가 정해져 있는 게 아니잖아. 지구는 하루에 한 바퀴씩 돌고 1년에 태양 주위를 한 바퀴씩 도는 공전을 하고 있으니 말이야. 그러니까 둘 중 하나가 맞거나 틀린 게 아니야.

왜 이 지도가 낯설게 느껴졌을까? 그건 우리가 흔히 보는 지도가 북반구 중심으로 그려졌기 때문이야. 북반구에는 어떤 나라들이 있는지 생각해 봐. 미국, 중국, 러시아 같은 강대국, 그리고 유럽 대륙도 북반구에 있지. 이런 힘 있는 나라들이 지도의 중심이 되는 세계 지도가 우리에게는 더 익숙하게 느껴지는 것이지.

선생님이 어릴 적에 보고 놀란 것이 크리스마스 때, 오스트레일리아 사람들이 해변에서 물놀이를 하고 있는 거였어. '산타 할아버지가 따뜻한 날씨를

선물로 주셨나.' 하는 생각도 했는데, 알고 봤더니 북반구와 남반구는 계절이 정반대이기 때문이었어. 북반구에 속한 우리나라에서 12월 25일은 항상 겨울이지만 남반구에서는 여름이 되는 것이지.

지도 한 장만 봐도 할 이야기가 참 많지? 이처럼 세계 지도는 새로운 눈으로 세계를 이해할 수 있는 길잡이가 되어 줘.

이번에는 다른 지도를 한번 볼까?

 신기하네요. 모래로 그린 건가요?
 우리나라는 찾을 수 있을 것 같아요.
 그런데 북한은 안 보이네요?

우주에서 바라본 밤의 지구

이건 밤 시간대에 우주에서 지구를 찍은 인공위성 사진이야. 한반도에서 북한이 사라진 것처럼 보이지. 왜 그런 걸까?

이 사진으로는 북한의 에너지 상태를 알 수 있어. 북한에서는 전기가 충분하지 않아서 밤에 환히 불을 밝힐 수가 없어. 워낙 어둡다 보니 사진에 보이지 않는 거야.

반면에 우리나라는 무척 밝지. 서울을 비롯한 수도권이 가장 밝고 부산, 대구, 광주, 대전, 울산 등 큰 도시들의 불빛도 환해. 같은 밤을 맞이하지만 우리나라와 북한은 이렇게 다르구나.

남북한은 서로 가까워지기 위한 노력을 꾸준히 해 왔어. 그중 하나가 어린이들의 대통령이라고 불리는 〈뽀로로〉 만화를 함께 만든 거야. 남북 정상 회담을 하면서 사이가 좋아지고, 남북한이 교류하며 경제 협력을 하는 과정에서 〈뽀로로〉가 만들어졌어. 〈뽀로로〉 1기 작품 52편 중 22편이 북한에서 만든 것이지.

그즈음 중고등학교 학생들은 수학여행으로 금강산도 다녀오고, 개성에 평화를 상징하는 나무를 심고 돌아오기도 했어. 이전인 1991년에는 남북 스포츠 단일팀을 만들어서 세계 탁구 대회에서 우승도 했어.

우리나라는 현재 세계에서 유일하게 분단된 나라야. 언젠간 남북이 하나로 이어진 지도가 그려지면 좋겠어. 지도 한 장이 아쉬움은 남기며 참 많은 생각을 하게 하지?

돈으로 만나는 세상

설날과 추석 중 어느 쪽이 더 좋니? 이렇게 물어보면 대부분 설날이라고 답해. 그 이유가 뭘까? 떡국을 먹어서, 나이를 한 살 더 먹어서도 그렇지만 바로 세뱃돈 때문일 거야.

그런데 세뱃돈을 받으면 액수가 얼마인지만 따지지 돈 자체를 자세히 살펴보지는 않았지? 돈은 경제적으로만 중요한 게 아니야. 돈에는 우리 사회의 다양한 문화와 역사 그리고 사람들이 바라는 모습 등이 담겨 있거든.

돈에 담긴 깊은 뜻

세뱃돈으로 많이 받아 봤을 1만 원을 살펴볼까? 지폐의 주인공은 바로 세종 대왕이지. 세종 대왕은 백성들을 위한 정치를 하고, 한글을 만드는 등 훌륭한 일을 했기 때문에 1만 원 지폐의 주인공으로 뽑혔어.

오늘날의 1만 원 지폐

　1만 원 지폐에는 많은 비밀이 담겨 있어. 돋보기로 세종 대왕 옷깃을 보면 무엇인가 새겨져 있는 걸 발견할 수 있어. 한글 창제 당시의 28개 자음과 모음이야. 그리고 빛에 비춰 보면 반대편에도 세종 대왕의 얼굴이 나타나지.

　왜 이런 장치들을 만들어 놓았을까? 바로 위조지폐를 막기 위해서야. 가짜 돈을 만들면 경제가 큰 혼란을 겪기 때문에 이런 장치들은 다른 나라 지폐에도 있어.

　하지만 위조지폐를 만드는 기술도 진짜 돈과 구분하기 힘든 만큼 정교해졌어. 그래서 마련한 것이 바로 홀로그램이야. 돈을 이리저리 움직이면 네모난 은색 부분에 우리나라 지도, 태극무늬 등이 나타나. 이처럼 돈은 첨단 과학 기술로 만들고 있어.

　자, 이제 세종 대왕 오른쪽을 살펴볼까? 숫자 아래 동그란 점 세 개가 보일 거야. 바로 시각 장애인을 위해 마련한 장치야. 1천 원은 점 하나, 5천 원은 점 두 개, 5만 원은 점 대신 선이 다섯 개 있어. 앞이 잘 보이지 않는 사람들은 숫자를 안 보고도 이 점자를 만지면 얼마짜리 지폐인지 알 수 있어.

　돈을 보면 한 나라의 문화유산이나 그 나라를 대표하는 인물들도 알 수 있어. 1만 원 지폐 앞면에는 해와 달, 다섯 개의 산봉우리 그림이 있

는 〈일월오봉도〉가 있고, 그 위에는 '뿌리 깊은 나무 바람에 아니 흔들릴세.'라는 한글 창제 당시의 한글이 있어. 뒷면에는 별자리 지도인 〈천상분야열차지도〉, 천문 관측기구인 혼천의 그리고 천체 망원경이 있어. 모두 우주와 관련된 것들이지.

예전에 만들어진 1만 원 지폐 뒷면에는 우주 관련 문화유산이 없었어. 앞

옛날 1만 원 지폐

면에는 자동 물시계인 자격루가 있었고 뒷면에는 경복궁 경회루가 있었거든. 우리나라가 우주 과학 분야를 중요하게 여기고 있다는 걸 상징적으로 보여 주기 위해 바뀐 지폐에 새롭게 넣은 거야.

돈으로 보는 남녀평등

1천 원, 5천 원, 1만 원……. 이 지폐에 나온 사람들의 공통점은 무엇일까?

 모두 조선 시대 사람이에요.
 그리고 성이 모두 이씨예요.
 지폐의 주인공 모두가 남자네요!

2007년, 우리나라에서는 5만 원과 10만 원짜리 돈을 새로 만들기로 했어. 전 국민을 대상으로 여론 조사를 하여 누가 새 돈의 주인공이 되면 좋겠는지 물었지. 돈에 들어가는 인물이나 유산을 정할 때는 많은 사람들의 의견을 모아야 해. 그 나라 사람들이 중요하다고 생각하는 부분을 돈에 담아내야 하기 때문이지.

앞에서 말했듯이 1천 원, 5천 원, 1만 원 지폐의 인물은 모두 남자야. 여성 위인은 많지 않았기 때문이지. 옛날 여성들은 차별을 받으며 자기 뜻을 마음껏 펼칠 수 없었으니까. 그래서 새로 마련된 5만 원에는 여성 위인을 넣기로 했어. 율곡 이이의 어머니이자 뛰어난 예술가였던 신사임당이 그 주인공이 되었지.

다른 나라 지폐에서도 여성 위인들을 만날 수 있어. 마리 퀴리 같은 과학자를 비롯해서 화가, 작가, 여왕 등 다양한 분야에서 활약한 여성들을 말이야.

별의 별 지폐들

다른 나라의 지폐는 어떨까? 학교에서 공부하는 아이들의 모습이나 꽃, 나비, 물고기 같은 자연을 담은 것도 있어.

자연의 모습이 담긴 몰디브 지폐

생텍쥐페리와 어린 왕자가 새겨진 옛 프랑스 지폐

　실제 인물이 아니라 유명한 문학 작품 속 주인공이 지폐에 나온 적도 있었어. 《어린 왕자》라는 작품 읽어 본 적이 있니? 프랑스에서는 유럽의 화폐인 유로화를 쓰기 전에 '프랑'이란 화폐를 썼어. 그때 《어린 왕자》의 작가인 생텍쥐페리와 작품 속 장면을 각각 앞면과 뒷면에 담았어.

　우리나라 지폐에도 문학 작품의 한 장면을 넣는다면 어떨까? 혹시 담고 싶은 주인공이 있니?

　또 하나, 꼭 이야기해 주고 싶은 돈이 있어. 중국의 50위안이야. 50위안은 요즘 환율로 치면 9천 원 정도 되는 금액이야. 50위안 지폐 뒷면에는 티베트의 포탈라 궁이 있지.

　포탈라 궁은 티베트 홍산 산 기슭에 세워져 있는데, 티베트 문화가 고스란히 담긴 옛 궁전이야. 1994년에는 유네스코 세계 문화유산으로도 지정되었지.

　돈에는 그 나라를 대표하는 문화유산을 담는다고 했는데, 중국에서는 티베트의 포탈라 궁을 돈에 담았어. 왜 그랬을까?

티베트 포탈라 궁이 새겨진 중국 지폐

　오늘날 지구상에 공식적으로 티베트라는 국가는 없어. 티베트가 중국의 한 부분이 되어 버렸거든. 독립된 나라가 아니라 중국의 '자치구' 중에 하나로 된 거야. 중국은 여러 자치구로 이루어져 있어. 우리 동포들이 많이 사는 중국의 옌볜을 조선족 자치구라고 하듯이 말이야. 중국은 티베트를 시짱 자치구라고 부르고 있어. 반면 티베트 사람들과 세계 여러 나라의 사람들은 여전히 이곳을 티베트라고 부르지.

　티베트 사람들은 독립을 원했지만 중국은 티베트의 독립을 인정하지 않는다고 했어. 그래서 중국 50위안에 티베트 문화유산을 넣은 거야. 중국에서 쓰이는 돈에 나와 있으므로, 자연스럽게 티베트가 중국 땅이라고 알릴 수 있잖아.

 티베트 이야기를 들으니까 우리나라 일제 강점기가 떠오르네요.

우리나라에도 유관순, 김구 같은 많은 독립운동가들이 있었듯이, 지금 티베트에서도 독립을 위해 목숨 걸고 싸우는 사람들이 많아.

이번에는 우리나라와 지구 반대편에 있는 나라, 쿠바로 가 볼까? 쿠바 중앙은행이 새로 발행한 10페소 뒷면에는 뜻밖에도 우리나라에서 수출한 전기 발전 장치가 있어.

섬나라인 쿠바는 허리케인의 피해를 자주 입어. 툭하면 정전이 되고 늘 전기가 부족하지. 그래서 쿠바 정부는 전기 발전을 통해 에너지 문제를 해결하려고 했어. 그 결과 우리나라가 생산한 전기 발전 장치가 쿠바 지역 곳곳에 세워졌지. 쿠바 정부는 에너지 문제를 해결해서 쿠바 사람들이 행복하게 살면 좋겠다는 바람으로, 지폐에 전기 발전 장치를 담은 거야. 전기 발전 장치 위에는 '에너지 혁명'이라는 글도 함께 넣었어.

이처럼 돈을 자세히 보면 그 나라의 사정을 잘 알 수 있어. 무엇보다 우리나라의 수출품이 다른 나라 돈에 새겨져 있으니 더 반갑지?

우리나라 수출품이 새겨진 쿠바 지폐

친구들이 만든 돈 이야기

김구(위)와 방정환(아래) 선생님을 담은 돈

2007년, 우리나라에서는 5만 원에 이어 10만 원 지폐에 들어갈 인물도 여론 조사를 통해 뽑았어. 뽑힌 사람은 백범 김구야. 대한민국 임시 정부를 지키며 독립을 위해 노력했고, 광복 이후에는 남과 북의 통일을 위해 힘쓴 그 분을 기리는 사람들이 많았기 때문이지. 그래서 10만 원 지폐에는 김구 선생님과 함께 대한민국 임시 정부에서 함께 활동한 독립운동가의 모습도 담았어. 어서 보여 달라고? 아직 이 돈은 나

내가 만드는 돈

앞면

뒷면

오지 않았어.

돈이 새롭게 나오게 되면, 김구 선생님과 독립운동가들을 떠올리며 고마운 마음으로 이 돈을 사용할 수 있겠지.

이번에는 우리가 직접 돈을 만들어 보면 어떨까? 다른 친구들이 만든 것들을 보면서, 우리나라를 대표할 수 있는 인물과 유적을 찬찬히 떠올려 보자. 그중 하나를 선택해서 한번 만들어 보는 거야. 돈 안에 자신이 채우고 싶은 내용을 담아내는 거지.

독립문(위)과 안중근 열사(아래)를 담은 돈

 이 인물이나 유적을 고른 이유

이제 사회와 조금
친해진 것 같니?

   꼭 책으로만 공부하지 않아도 되는 과목이 바로 사회야. 심지어 마음껏 떠들면서 배울 수 있는 과목이지. 신나게 이야기를 나누다 보면 서로 의견이 다를 때가 있어. 어떤 문제를 두고 서로의 생각들을 주고받는 것을 토론이라고 하지. 토론을 하다 보면 찬반이 갈리기도 하고 의견이 달라 부딪히기도 해. 사회는 다양한 사람들이 모여 사는 곳이기에 당연히 나와 다른 의견이 나올 수 있지. 서로 다른 생각을 나누면서 문제를 더 좋은 방향으로 해결해 가는 거야. 그래서 민주주의 사회에서는 많은 대화와 토론이 이루어져.
 이제부터 자기 생각을 마음껏 이야기해 보자. 위인 이야기부터 선거에서 누구를 뽑으면 좋을지, 부끄러운 역사를 어떻게 기억하면 좋을지 등 다양한 의견을 주고받는 거야.

2 토론하고 생각하는 사회

위인들의 비밀

〈한국을 빛낸 100명의 위인들〉이라는 노래 가사 생각나니? 첫 번째 토론 주제는 위인이야. 위인 하면 저마다 떠오르는 사람이 다를 거야. 위인은 어떤 사람들을 말하는 것일까? 역사에 남을 일을 많이 한 사람? 남보다 더 많이 노력했고 뛰어난 사람? 위인으로 손꼽히는 사람들에게는 어떤 비밀이 있는지 파헤쳐 보자.

위인 대결! 남성 대 여성

먼저, 남자 대 여자로 대결을 해 볼까? 그런데 여태까지 이 대결에서 여자가 이긴 적이 없어. 대체 어떤 대결이냐고? 두~둥! 바로 우리나라 위인의 이름을 말해 보는 것이야. 남학생은 남자 위인을, 여학생은 여자 위인을 말하면 돼. 그럼, 시작!

　이러다 삼천 궁녀 1에서 3천까지 가겠구나. 그런데 삼천 궁녀가 진짜 있었을까?

　이제 삼천 궁녀를 거느렸다던 의자왕 이야기를 해야겠구나. 의자왕은 백제의 마지막 왕이었어. 그가 나랏일은 제쳐 둔 채 궁녀들과 매우 사치스럽고 방탕한 생활을 하여, 백제를 멸망에 이르게 했다고 흔히들 알고 있어.

하지만 기록을 보면 의자왕은 학문에도 뛰어나고 백성을 생각하는 왕이었어. 백제가 신라와의 대결에서 지고 끝내 항복하면서, 의자왕에 대한 안 좋은 이야기들이 기록된 거야. 백제를 멸망시킨 신라 입장에서는 의자왕이 나라를 잘 돌보지 않아, 백제가 멸망할 수밖에 없었다는 내용을 담고자 했겠지.

그건 그렇고, 삼천 궁녀는 정말 있었을까? 당시 백제 궁궐 인구를 합해도 3천 명이 채 안 되었다고 하니, 삼천 궁녀는 심하게 과장된 이야기지. 그럼 3천이라는 숫자는 어떻게 나온 것일까? 우리 땅을 삼천리금수강산이라고 하듯, 많다는 의미에서 '삼천'을 붙이게 된 거야. 이처럼 역사는 누가 기록하느냐에 따라 달라질 수 있어.

이제 우리가 처음에 했던 대결을 떠올려 보자. 남녀 위인 말하기 대결에서 여학생들이 대부분 지는 이유는 뭘까? 부모님들 중에서도 우리나라 여성 위인을 20명 이상 이야기하실 수 있는 분은 많지 않을 거야. 우리나라에는 훌륭한 여성 인물들이 정말 없는 걸까? 과연 여자가 남자보다 훌륭하지 못한 걸까?

물론 그렇지 않아. 여태까지 역사가 남자 중심으로 기록되었기 때문이야. 선덕 여왕이나 진성 여왕같이 여왕이 나라를 다스린 적도 있었지만, 여성들이 정치에 참여하는 일은 무척 드물었어. 훌륭한 여성들이 많았으나, 그들의 이야기는 잘 전해지지도 않았어. 우리나라뿐만 아니라 다른 나라 역사에서도 마찬가지야. 전 세계적으로 여성들은 역사에서 소홀히 다뤄져 왔거든.

　영어로 역사를 '히스토리(History)'라고 해. 주로 남성들의 이야기라, 역사를 '남자 이야기(his+story)'라고 하는 사람들도 있어. 그래서 지금은 여자의 입장에서 바라본 역사, 허스토리(herstory)에 대한 이야기가 나오고 있어. 입장 바꿔 생각해 보라는 말처럼, 누구의 눈으로 보느냐에 따라 역사가 달라질 수 있으니까.

　이런 변화를 확인할 수 있는 곳이 우리나라에도 있어. 바로 국립 여성사 전시관이야. 이곳에 가면 그동안 우리가 잘 몰랐던 여성들의 역사에 대해 새롭게 알 수 있어. 대표적인 여성이 바로 나혜석이야. 나혜석은 1900년대 초반에 예술가이자 사회 운동가로 활발히 활동했어. 그림도 잘 그렸고 새로운 생각을 담은 글을 발표하면서 '새로운 세상의 여성'이란 뜻의 '신여성'이라고 불렸지.

 나혜석은 여성도 자기 삶을 누릴 권리가 있음을 주장하며 자유로운 삶을 살았어. 그러자 감히 여성이 사회의 질서를 따르지 않았다며 비난을 받았고, 가족들에게조차 버림을 받았어. 심지어 아무도 돌보는 이 없이 쓸쓸히 눈을 감았지. 그의 시신은 오랫동안 방치되어, 시신의 주인공이 나혜석인지도 모를 정도였어.

 그렇지만 이제 나혜석에 대한 생각들이 달라졌어. 나혜석이 태어난 수원시에서는 신여성 나혜석을 기리며 '나혜석 거리'도 만들었어. 시대를 앞서간 여성을 다시 살피게 된 것이지. 이처럼 역사적 평가는 시대에 따라 달라지곤 해.

 나혜석이 살았던 시대는 지금과 달리 여성이 앞장서서 새로운 이야기를

3월 8일은 무슨 날일까?

3월 8일은 세계 여성의 날이야. 남성의 날은 없는데 왜 여성의 날이 만들어진 것일까? 남성 중심의 사회에서 여성들이 오랫동안 차별을 받아 왔기 때문이야. 여성 노동자들은 열악한 노동 환경에서 낮은 임금을 받는 등 부당한 대우를 받고 있었거든.
1908년 3월 8일, 미국에 있는 섬유 공장의 여성 노동자 1만 5000여 명이 모여 근무 시간을 10시간으로 줄이고 작업 환경 개선, 투표권 등을 요구하는 시위를 벌였어. 이 사건을 기념하기 위해 3월 8일을 세계 여성의 날로 지정한 거란다.
'여성의 날'은 단지 여성들만을 위한 날이 아니라 모두가 인간답게 살아가기 위해 정한 날이지.

하고 행동을 하는 것을 싫어했어. 이런 과거를 떠올리며, 오랫동안 차별받은 여성들의 삶을 생각해 보는 건 어떨까?

위인은 어떤 사람들일까?

위인전 하면 어떤 생각이 떠오르니?

 훌륭한 사람들 이야기가 떠올라요.
 위인은 왠지 평범한 사람 같지 않아요. 우리랑 다른 사람 같아요.

맞아, 위인전에 나오는 사람들은 훌륭한 분들이지. 그런데 위인들도 가만히 보면 우리와 크게 다르지 않아. 지금 내가 소개하는 사람이 누구인지 맞혀 봐.

이 사람의 어린 시절은 우리 반 장난꾸러기들 같았어. 신나게 노는 것을 좋아하고, 친구들도 많았지. 이 사람은 어렸을 때 크고 작은 말썽을 피웠어. 아버지의 은수저를 몰래 가져와 엿으로 바꿔 먹은 거야. 지금으로 이야기하자면 은수저는 스마트폰처럼 값이 꽤 나가는 귀한 물건이었어. 나중에 이 일이 들통나며 아버지에게 크게 혼이 났지.

과연 이 사람은 누구일까?

바로 김구 선생님이야. 독립운동가 김구를 기념해서 만든 백범 기념관에 이 이야기가 소개되어 있단다. 그런데 많은 사람들이 찾는 기념관에 왜 굳이 이런 이야기를 소개했을까?

 김구 선생님 안티가 있나 봐요.
 하긴, 유명한 사람을 이유 없이 미워하는 사람들이 꼭 있다니까. 괜히 흠집 내기를 좋아하면서!

일부러 김구 선생님을 깎아내리려고 그런 게 아니야. 기념관 관계자는 어린이들에게 꿈과 희망을 주기 위해 김구 선생님의 어린 시절 이야기를 소개한 것이라고 해. 즉 위인들도 우리와 마찬가지로 평범한 사람이었다는 것을 널리 알린 것이지.

김구 선생님도 또래 아이들과 다를 것 없는 개구쟁이였지만, 이후 나라의 독립을 위해 힘쓰며 많은 사람들의 존경을 받게 되었지. 이처럼 위인이라고 해서 처음부터 특별했던 것이 아니야.

 아, 백범 기념관에서 우리 같은 어린이들에게 자신감을 주려고 그런 거였군요.
 에이, 그렇다고 누구나 위인이 되는 건 아니잖아요.

그래, 하지만 위인이 어떤 사람인지 다시 한 번 생각해 보면 좋겠어. 위인은 우리와 멀리 떨어져 있고 감히 다가갈 수 없는 사람 같지만, 우리 가까이에도 있어.

　우리들의 어머니, 아버지처럼 자기가 맡은 일을 열심히 해 나가는 사람들도 훌륭한 사람들이고, 용기를 내서 다른 사람을 구하거나 도와주는 사람들도 위인이라고 할 수 있어. 역사는 한 사람, 한 사람의 삶이 모여 만들어지듯, 역사의 흔적을 남긴 위인도 그중 한 사람일 뿐인 거야.

부끄러운 역사를 감출 것인가, 기억할 것인가?

역사는 지나간 일을 되돌아보면서 우리가 사는 오늘을 살필 수 있게 해 줘. 그런데 과거의 일을 어떻게 보면 좋을지를 두고 생각이 서로 달라 부딪히기도 해. 때로는 찬성과 반대로 나뉘어 팽팽하게 토론을 벌이기도 하지. 이런 역사 토론은 그저 과거만을 살피는 것이 아니라 현재와 미래를 결정하는 기준이 되기에 중요해. 우리도 역사 토론에 참여해 볼까?

삼전도비를 어찌하면 좋을까?

어느 날 의문의 사건이 일어났어. 누군가가 몰래 문화재에 낙서를 하고 사라진 거야. 도대체 어떻게 된 일일까? 과연 이 문화재가 무엇이기에 범인은 빨간색 스프레이로 강렬한 흔적을 남긴 것일까?

 철거, 370, 병자. 선생님, 이게 무슨 뜻이에요?

이 사건을 제대로 알기 위해서는 '병자'라는 말부터 알아야 해. 여기서 병자는 아픈 사람을 뜻하는 게 아니야. 어느 때를 가리키는 말이지. 이순신이 활약한 임진왜란 알지? 임진왜란이 '임진년에 왜(일본)와 치른 전쟁(난리)'을 뜻하는 것처럼 병자도 병자년을 뜻해. 그럼 병자년에 무슨 일이 있었을까?

삼전도비에 스프레이로 쓴 낙서

 아! 병자호란이요.

그래, 병자호란은 병자년에 청나라와 조선이 맞붙은 전쟁이지. 그리고 370은 병자년 이후 370년이 지난 것을 뜻하는 거야.

 철거는 무엇인가 없앤다는 뜻 같은데, 무엇을 없애자는 것일까요?

바로 이 비석이지. 우리나라 입장에서는 부끄러운 기록이 비석에 남아 있거든. 조선이 청나라에게 져서 청나라 황제에게 충성한다는 맹세야. 그래서 이 기록을 없애려고 했던 거지.

이쯤 해서 비석 이름을 알려 줄까? 이름은 '삼전도비'로, '삼전도에 세운 비석'을 줄여 부르는 말이지. '삼전도'는 지금의 서울 송파구 삼전동에 있던 나루 이름이야. 예전에는 한강의 물길이 지금과 달랐어. 원래 그곳은 나루터였지.

공식 이름은 '대청황제공덕비'야. '큰 나라 청 황제의 공과 덕을 기리는 비'라는 뜻이지. 비석에는 조선의 임금이 청나라 황제의 뜻을 잘 받들지 못해 처음에는 걱정을 끼쳤으나 나중에는 잘못을 인정하며 항복하였고, 이를 청나라 황제가 넓은 아량으로 받아들였다는 내용이 있어. 그리고 청나라 황제의 덕을 칭찬하는 내용도 새겨져 있어.

삼전도비는 병자호란이 끝난 지 2년 뒤인 1639년, 청나라 태종의 지시로 세워졌어. 비석이 세워진 삼전도는 인조가 굴욕적인 항복을 한 장소였지. 조선에 오는 청나라 사신들은 반드시 이곳에 들렀어.

그러나 청일 전쟁 이후 청나라의 힘이 약해지자 1895년, 삼전도비는 강물 속에 던져졌어. 청일 전쟁은 우리 땅에서 청나라와 일본이 벌인 전쟁으로 청나라가 패했지. 그러다 1913년, 일제는 삼전도비를 건져 올렸어. 우리 민족은 원래 힘이 없어 다른 나라의 지배를 받아 왔다고 우기기 위해서였지.

그 후 1945년 8월, 광복이 되자마자 지역 주민들은 비석을 땅속에 묻어 버렸는데 1963년 대홍수 때 그 모습이 드러나게 되었어. 나라에서는 치욕적인 역사지만 교훈을 얻을 수 있다며 다시 세웠단다. 서울시는 1983년 5월, 지금의

자리인 석촌동 일대에 500평 규모의 공원을 만들어 삼전도비를 관리해 왔지.

그런데 누군가가 삼전도비에 철거, 병자, 370을 써 놓은 거야. 370년 전의 역사를 부끄럽고 치욕스럽게 느껴서 그것을 없애자는 뜻이겠지? 이 문제를 어떻게 생각하니? 비석을 없애야 하는 걸까?

조선 임금인 인조가 굴욕적인 항복식을 할 때, 청나라 황제 앞에서 이마가 땅에 닿도록 절을 했다고 해. 우리 역사에 이런 사건이 있었다는 게 너무도 치욕적이라 빨리 잊어야 할 것 같아. 그래서 나는 삼전도비를 없애 버렸으면 좋겠어.

우리가 역사를 공부하는 이유는 무엇일까? 조상의 슬기로움을 배우기 위해서이기도 하지만 옛날 조상들이 했던 실수를 반복하지 않기 위한 것은 아닐까? 삼전도비를 없애고 기억하지 않는다면 우리는 삼전도의 굴욕 같은 일을 또 겪을 수도 있어. 그래서 나는 삼전도비를 잘 남겨 두어야 한다고 생각해.

두 주장이 팽팽하구나. 이와 비슷한 사례가 있었어. 일제 강점기 식민 지배의 아픈 상처가 깃든 두 장소에 대한 것이었지. 서대문 형무소와 조선 총독부 건물, 이 두 곳을 어떻게 할 것이냐를 두고서 많은 이야기가 오갔어. 과연 이 문제들은 어떻게 처리되었을까?

독립운동가들을 가두고 고문했던 서대문 형무소

서대문 형무소는 일제가 1908년에 세웠어. 일제에 눈엣가시와도 같은 우리나라 독립운동가들을 탄압하기 위해서였지. 서대문 형무소에서는 수많은 독립운동가들이 갇힌 채 목숨을 잃었어.

1945년, 광복 이후에는 서울 교도소, 서울 구치소 등으로 이름이 계속 바뀌어 쓰이다가 1987년, 서울 구치소가 의왕시로 옮겨지면서 문을 닫게 되었어. 이후 서대문 형무소 주변 지역을 공원으로 바꿔서 완전히 없애자는 주장이 나왔지만 반대 의견과 팽팽히 맞섰어.

일제의 식민 지배의 상징인 서대문 형무소가 남아 있는 것은 부끄럽고 가슴 아픈 일이라는 주장과 우리의 슬픈 역사를 잊지 말고 기억해야 한다는 주장이 맞선 거야. 수많은 사람들이 이 문제를 두고 오랫동안 토론하여 결론을 냈어. 독립운동 관련 단체들과 역사학자들 그리고 뜻있는 시민들이 힘을 모아 서대문 형무소를 지금의 서대문 형무소 역사관으로 만들기로 한 거야. 서대문 형무소 역사관은 1998년, 마침내 문을 열었지.

이 역사관은 독립운동가뿐만 아니라 우리나라 민주화를 위해 애쓴 사람들의 발자취를 돌아보며, 독립운동의 의미와 민주주의의 소중함을 생각해 볼 수 있는 역사 공간으로 자리 잡고 있어.

 사례 ❷

일제의 식민 지배를 상징하는 조선 총독부 건물

조선 총독부 건물은 일제 강점기 때 만들어졌어. 이 건물은 당시 아시아를 대표할 정도로 웅장하다며 많은 사람들의 관심을 끌었어. 일제가 우리나라를 지배하기 위해 세운 이 건물은 겉모습은 멋있을지 몰라도, 식민 지배를 받던 우리 민족에게는 치욕과 공포의 상징이었지.

1945년 해방 이후에도 이 건물은 청사나 국립 박물관 등으로 활용되었어. 하지만 경복궁을 훼손하면서 만들어진 데다가 식민 지배의 상징과 같은 건물이어서 하루 빨리 이를 없애야 한다는 의견이 끊임없이 나왔어.

조선 총독부 건물을 남겨 둘 것인가 없애 버릴 것인가를 두고 의견이 크게 엇갈렸어. 조선 총독부 건물은 부끄럽고 치욕적인 것이지만, 이 또한 우리 역사의 한 부분이니 잘 보존해야 한다는 입장과, 우리나라의 궁궐 자리를 차지해 버렸기 때문에 건물을 철거하고 경복궁을 복원해야 한다는 의견이 맞섰지.

결국 1995년, 역사를 바로잡기 위해 조선 총독부 건물을 헐고, 그 자리에 일제가 훼손했던 경복궁 건물을 다시 세우기로 결정했어.

어떤 후보를 뽑으면 좋을까?

새 학기가 시작되면 교실에서 학급 회장을 뽑지. 학급 회장으로 어떤 친구가 되면 좋을까? 나와 친한 친구가 좋을지, 아니면 반을 위해 봉사를 잘할 친구가 좋을지……. 저마다 정한 기준에 맞춰 투표를 할 거야.

나라의 선거 때도 마찬가지야. 지역을 대표하는 시장, 나라를 대표하는 대통령까지 선거를 해서 뽑고 있어. 선거철이 되면, 사람들은 어느 후보가 나을지 의견을 주고받으며, 서로 자신이 좋아하는 후보나 정당이 낫다고 주장하기도 하지. 이때 사람을 뽑는 기준을 잘 생각해 봐야 해. 과연 어떤 것을 따져 보면 좋을까?

셋 중 누구를 선택할 것인가?

누구를 뽑으면 좋을까?

나는 2번 후보. 믿음직하게 일을 잘할 것 같아.

1번 후보는 못생겨서 싫고, 멋진 3번 후보가 되면 좋겠어.

무슨 연예인 뽑는 것도 아닌데, 왜 그러니?

난 아직 잘 모르겠어. 국회 의원이나 대통령 선거 때 어른들은 어떻게 선택하시는 걸까?

단 한 명의 후보를 선택하는 것은 쉽지 않아. 친구들의 이야기처럼 후보를 선택할 때 살펴봐야 할 것이 많기 때문이야. 우리의 선택을 도와주는 것은 바로 후보자들이 내세운 약속이야. 후보자들은 선거에서 당선되면 어떤 일을 하겠다고 많은 사람들에게 약속을 해. 이걸 '공적인 약속'이라고 해서 '공약'이라고 하지. 공약을 잘 살펴보면, 선거에 나온 후보가 당선 이후 어떤 활동을 펼칠지 미리 알 수 있어.

그런데 후보자의 공약을 꼼꼼히 따져 보지 않은 채, 겉으로 드러나는 후보의 모습만 보며 투표하는 경우도 많아. 오늘날에는 텔레비전 같은 대중 매체가 선거에 큰 영향을 주기 때문에 후보자들도 공약보다 텔레비전 방송에 나오는 자신의 모습을 가꾸는 데 더 관심을 기울이기도 해. 어떤 후보들은 지역 주민들을 위한 약속을 준비하기보다는 어떻게 보이느냐에 더 신경을 쓰지.

오죽하면 '이미지 선거'라는 말도 있어. 이러한 선거 전략으로 후보자들은 강한 인상을 심어 주며 자신을 잘 기억할 수 있게 해 줘.

　그러나 투표할 때는 겉으로 보이는 모습에 휘둘려서는 안 돼. 겉모습만 잘 보이는 데 집중하는 후보자보다는 준비된 약속을 잘 지킬 수 있는 사람을 뽑아야 해.

　후보자를 잘 선택하는 데 TV 토론회가 큰 도움이 될 수 있어. 방송으로 토론회를 보면서 후보자의 장점과 단점을 알 수 있고, 후보자들이 각각 내세운 공약을 비교하면서 어떤 정책이 더 나은지 판단할 수 있는 거야.

　그럼 우리도 국회 의원 투표를 한다면 누구를 선택할지 TV 토론회를 함께 볼까?

○○지역 유권자 여러분 안녕하세요? 오늘은 ○○지역 국회 의원 선거를 앞두고 유권자 여러분들의 올바른 선택을 위해 세 분의 후보를 모시고 토론 자리를 마련했습니다. 최근 ○○지역에서 세금 문제에 대해 찬성과 반대 의견으로 맞서고 있는 세 후보의 이야기를 들어 보겠습니다.

기호 1 김후보

학력 및 경력 | **대학원 졸업, 경제학 박사

- 공약

가. 지역 일자리 마련을 위한 골프장 개발
나. 잘사는 우리 지역 만들기
다. 세금을 줄여 지역 주민들 부담 덜어 주기

기호 2 이후보

학력 및 경력 | **고등학교 졸업, 환경 운동가

- 공약

가. 지역 주민을 위한 병원 만들기
나. 환경 보호 및 문화 축제를 통해 지역 살리기
다. 지역 주민들에게 공평하게 세금 걷기

기호 3 최후보

학력 및 경력 | **대학교 졸업, 도서관 사서

- 공약

가. 어린이를 위한 도서관과 놀이터 만들기
나. 안전하고 살기 좋은 지역 만들기
다. 기업들의 세금을 늘려 지역 사회를 발전시키는 데 쓰기

기호 ❶ | 저는 세금을 줄이겠습니다. 세금을 많이 걷으면 주민들의 부담이 커지고 경제 형편이 나빠지기 때문에 반드시 줄이도록 하겠습니다.

기호 ❷ | 저는 세금을 늘리는 것이 필요하다고 생각합니다. 세금을 늘리는 대신 그 혜택을 지역 주민들에게 더 많이 제공하면 되기 때문입니다.

기호 ❶ | 지역 살림을 알차게 잘해 나간다면 세금을 굳이 더 걷지 않아도 되는데, 왜 세금을 늘려야 하는지 이해가 되지 않습니다.

기호 ❷ | 많은 비용을 더 걷자는 것이 아닙니다. 형편이 어려운 사람들은 세금을 지금과 똑같이 내고 형편이 좋은 사람들이 세금을 조금만 더 내면 지역에 무료 진료소와 도서관을 세울 수 있습니다. 그러면 주민들의 삶이 나아질 것입니다.

기호 ❸ | 세금을 거두어 무료 진료소와 도서관을 짓는 것에 전적으로 찬성합니다. 그런데 지금처럼 세금 문제로 싸울 필요가 없습니다. 그동안 많은 혜택을 받은 기업들이 딱 1퍼센트씩 세금을 더 낸다면 지역 주민들의 세금을 더 걷지 않아도 이 문제를 해결할 수 있기 때문입니다.

기호 ❶ | 기업이 세금 때문에 잘 운영되지 않으면 어떻게 하겠습니까? 주민이나 기업들에게 세금을 더 걷으려 하지 말고 골프장과 같은 시설을 개발해서 지역 경제를 발전시키면 좋겠습니다.

기호 ❷ | 골프장을 개발하면 지역 환경이 나빠집니다. 골프장 잔디를 관리하려면 농약을 많이 쳐야 해서, 주민들의 건강에 해로울 수 있고요. 게다가 골프장을 개발해도 막상 지역에 일자리는 크게 늘어나지 않을 것입니다. 골프장보다는 지역 주민들의 건강을 최우선으로 생각하며 병원을 짓는 게 낫습니다.

기호 ❸ | 지역 주민들은 형편이 어려워도 세금을 꼬박꼬박 다 냈습니다. 하지만 정부는 엄청난 돈을 벌어 온 기업들에게 계속 세금을 줄여 주었습니다. 기업이 잘될 수 있었던 것은 이런 지역 주민들 덕분이기도 합니다. 그러니 기업에게 세금을 1퍼센트 정도 더 걷는 것은 무리한 요구가 아니라 경제 발전을 위해서 필요한 것입니다. 선진국에 비하면 우리나라 기업들은 세금을 적게 내고 있습니다. 이제 우리나라 기업도 지역을 위해 책임 있는 경영을 할 때가 되었습니다.

저마다 다른 주장을 하고 있지? 후보자들의 주장은 모두 일리가 있어. 그러므로 그들이 내세운 공약과 함께 비교해 봐야겠지. 공약을 보면 현재 그 지역에서 해결해야 할 문제가 무엇인지도 알 수 있어. 이렇듯 한 후보를 지지하고 투표하기 전까지, 후보자들이 당선 이후 어떤 점에 중심을 두고 일할지 꼼꼼하게 살펴야 해.

앞의 토론을 보고 너희들은 누구를 선택했니? 어떤 후보가 진정 지역을 위해 일할 수 있는 사람인지 한 번 더 생각해 보면 좋겠구나.

내가 선택한 후보는?

그 까닭은?

학교에서 벌어지는 찬반 토론

마지막으로 학교생활에서 생길 수 있는 토론거리를 살펴보자. 여러 사람이 함께 생활하는 학교에서는 직접 토론으로 풀어 가야 할 문제가 생기기 마련이지. 어느 한쪽의 주장만이 옳을 수는 없고 저마다의 주장에 타당한 이유가 있을 거야. 학교생활에서 생길 수 있는 문제에 대해 토론을 한다면 우리는 어떤 결정을 내리게 될까? 그 전에, 민주 사회에서는 다양한 의견이 나올 수 있고 대화와 타협을 통해서 문제를 해결해 간다는 것, 잊지 않았지?

교실과 복도에 CCTV를 설치해도 될까?

골목길이나 건물 안팎, 지하철, 엘리베이터 등 공공장소 곳곳에는 CCTV가 설치되어 있어. CCTV는 범죄로부터 우리를 보호하고, 범죄자를 추적할 수 있는 장점이 있지만 사생활을 침해하고, 평범한 시민들을 범죄자인 양 감시하는 단점도 있어. 그래서 CCTV 설치를 두고 찬성과 반대 의견이 맞서는 경우가 많아.

학교에서도 CCTV가 설치된 모습을 어렵지 않게 볼 수 있어. 안전을 위해 복도에 CCTV를 설치하는 것에 대해 어떻게 생각하니? 서로 의견을 나눠 보자.

- 요즘 무서운 일들이 많이 일어나기 때문에 CCTV가 필요하다고 생각합니다.
- 교문과 쓰레기 분리 수거장 같은 곳은 괜찮지만, 복도에 CCTV를 설치하는 것은 반대입니다. 우리들의 평상시 모습이 있는 그대로 찍히는 것은 싫습니다.
- 평상시 모습을 누군가가 지켜보고 감시하는 것은 저도 싫지만 안전을 위해서는 CCTV가 필요하다고 생각합니다.
- 안전을 위해서라면 학교 보안관도 계시고 선생님도 계시기 때문에 CCTV를 설치하지 않았으면 좋겠습니다. 비싼 CCTV를 설치하기보다는 차라리 학교 보안관을 한 명 더 늘렸으면 좋겠습니다.
- 사람은 잠시 한눈을 팔거나 다른 데 주의를 기울일 수도 있으므로 CCTV를 설치하면 좋겠습니다.

참 어려운 결정이지? 안전이 중요하긴 한데, CCTV가 모든 위험을 막아 준다는 보장도 없고 말이야. CCTV로 볼 수 없는 곳에서 범죄가 일어날 수도 있으니까.

우선 CCTV를 설치하고 운용하는 데는 돈이 많이 들어. 게다가 CCTV는 사람들을 감시하는 데 이용될 수 있어. 감사당하는 사람은 무척 불안하겠지? 지금 누군가 우리를 엿보고 있다고 생각해 봐. 오싹한 기분이 들잖아. 이렇게 되면 사생활을 보호받지 못하는 문제가 생기지. 그러므로 충분한 토론이 필요한 문제란다.

집이나 학교에서 하는 일기장 검사는 어떻게 생각하니? 어차피 숙제니까 부모님이나 선생님의 지도를 받아야 한다는 의견도 있지만, 일기는 나만의 소중한 비밀 이야기이기에 일기장 검사에 반대한다는 의견도 있어. 일기장 검사에 대한 친구들의 이야기를 들어 볼까?

부모님이나 선생님께서는 우리들을 걱정하는 마음으로, 어떤 고민이 있는지 살펴보려고 일기장을 검사하시는 거야. 그래서 나는 괜찮아.

친구들의 이야기를 들으며 어떤 생각이 들었니? 직접 자신의 생각을 적어 볼까?

나는 CCTV를 설치하는 것에 _____ 한다.

왜냐하면 _____

🧒 어른들이 우리를 생각해 주시는 건 나도 잘 알겠어. 하지만 때로는 창피한 내용도 있어서, 그런 것들을 속속들이 보여 드려야 하는 게 내키지 않아.

👩 하지만 우리가 잘못된 길로 가고 있을 때 어른들의 지도를 받을 수 있고, 일기장을 통해 평소 못 나눈 이야기를 할 수 있잖아.

👧 아무에게도 말하고 싶지 않은 일도 있는데, 왜 그런 것까지 다 보여 드려야 해? 대화야 평소에 잘 나누면 되잖아.

나는 일기장 검사에 대해 _____ 한다.

왜냐하면 _____

심심할 때
텔레비전을 켜 보지?

　　　　　　텔레비전을 바보상자라고도 불러. 텔레비전 속 화려한 이미지를 좇다 보면 어느 순간 스스로 생각하는 것을 멈춰 버리기 때문이야. 텔레비전뿐 아니라 스마트폰이나 인터넷 등 수많은 대중 매체도 마찬가지야. 잘 쓰면 도움이 되지만, 무턱 대고 보기만 하면 생각하는 능력을 떨어뜨릴 수 있어.

　　대중 매체를 통해 만나는 기사, 드라마, 광고 속에는 우리 사회의 모습이 담겨 있어. 대중 매체는 사람들이 무엇을 좋아하고 관심 있어 하는지 가장 발 빠르게 전달하고 유행을 만들어 내지. 이제 그 속에 담긴 사회의 모습을 들여다보자.

3 대중 매체 속 사회

생활 속의 다양한 광고

생활 속에서 우리는 셀 수 없이 많은 광고들을 보게 돼. 텔레비전이나 라디오 프로그램 사이사이에 나오는 광고 말고도 학교를 오가는 길 곳곳에 붙은 전단지, 인터넷 사이트에 나타나는 배너 광고 등 말이야. 요즘에는 휴대 전화로도 광고 문자와 전화가 자주 오지.

광고는 새로운 상품을 소개하면서 사람들의 눈과 귀를 사로잡아. 그래서일까? 광고 중에는 기발한 방식으로 흥미를 불러일으키는 것도 있지만 눈살을 찌푸리게 만드는 경우도 있어.

알게 모르게 마음을 움직이는 광고

'2등은 아무도 기억해 주지 않는다.'

한때 화제가 되었던 광고 문구야. 그런데 이 광고는 얼마 있지 않아 더 이상 나오지 않게 되었어. 왜 그랬을까?

 2등이 싫어해서요.
 1등을 하지 않으면 안 될 것 같아요.

광고 문구처럼 사람들은 흔히 1등만 기억해. 무조건 1등만 중요하게 여기면 어떤 일이 벌어질까?

하나밖에 없는 자리인 1등을 차지하기 위해 수단과 방법을 가리지 않고 경쟁하게 될 거야. 하지만 사회는 1등 혼자만이 아니라 여러 사람이 더불어 사는 곳이잖아. 단지 1등이 아니라는 이유로, 1등을 차지하지 못한 사람들의 노력이 무시되어서는 안 돼. 이러한 비판을 받아들여, 회사에서는 더 이상 이 광고를 하지 않기로 했어.

한편, 2010년부터는 특정 시간에 식품 광고를 제한하는 법이 생겼어. 오후 5시에서 7시 사이에는 주로 어린이나 청소년들이 텔레비전을 보거든. 그래서 이때만큼은 어린이와 청소년들의 건강을 위해 햄버거나 피자, 아이스크림, 소시지, 컵라면 등 열량이 높고, 당류, 나트륨 등이 많이 들어 있는 식품 광고

를 금지한 거야.

당시 광고업계와 식품업계에서는 광고와 어린이 비만이 과학적으로 입증되지 않았다며 이 법에 대해 강하게 반발했어. 그럼에도 어린이와 청소년들의 건강을 생각해서 이러한 법이 시행된 거야.

전 세계적으로 어린이와 청소년들을 대상으로 한 식품 광고에 대한 논란이 뜨거워. 세계 보건 기구(WHO)에서도 어린이들에게 패스트푸드를 광고하는 것이 바람직하지 않다는 의견을 내놓았어. 어린이들을 보호하기 위해 유럽의 소비자 단체와 정치인들은 어린이에 대한 식품 광고를 아예 금지하자고 주장하고 있어.

실제로 유럽 선진국에서는 함부로 어린이를 겨냥한 광고를 내보내지 못한단다. 이에 비해 우리나라는 광고 기준이 엄격하지 않아. 그래서 어린이와 청소년들을 보호하기 위해 광고 금지 시간을 늘려야 한다는 주장이 우리나라에서도 힘을 얻고 있어.

이처럼 광고를 엄격하게 법으로 막는 이유가 있어. 광고가 아무것도 아닌 것 같지만, 계속 보다 보면 알게 모르게 그것에 익숙해지거든. 그래서 어린이들이 쉽게 드나드는 곳이나 편의점 같은 장소에서 담배와 술 광고를 못 하게 하는 나라도 있어.

하지만 우리나라 편의점을 한번 떠올려 볼까? 그곳에서 제일 많이 볼 수 있는 광고가 무엇일 것 같니? 바로 담배 광고야. 계산대 주변은 온통 담배 광고가 차지하고 있어. 이건 대단히 심각한 문제야. 자연스럽게 담배에 익숙해질 수 있으니까. 소비자 운동 단체는 이런 문제를 해결해 나가기 위해서 노력하고 있단다.

이번에는 텔레비전 광고가 아닌 종이 광고를 살펴볼까? 주변에서 쉽게 볼 수 있는 마트의 전단지 광고를 떠올려 볼래? 이런 광고에 어김없이 들어가는 광고 문구가 있어. '오늘만' 또는 'O시부터 선착순' 등 정해진 기간에만 물건을 매우 싸게 판다는 내용이야.

가령 선착순 100명에게만 수박을 단돈 1천 원에 판다는 광고를 보았다고 치자. 이런 좋은 기회를 놓치면 왠지 손해 보는 것만 같잖아. 그래서 사람들은 이런 광고를 보고 실제로 물건을 사러 가.

이건 '미끼 상품'을 이용한 광고야. 마트에 간 소비자들은 그곳에서 다른 물건들도 이것저것 골라 담을 테니, 마트에서는 한 가지 물건을 싸게 팔더라도 손해 볼 것이 없어.

광고는 소비자의 마음을 홀려 물건을 사게끔 만든 것임을 명심해야 해. 그럴 듯한 광고 이미지만 보고 상품을 구입했다가 실제 모습과 많이 달라 실망하는 경우가 있을 거야.

상품을 구입할 때는 제품의 표시 사항을 꼼꼼히 확인하고, 실제 모습을 주의 깊게 살펴봐야 해. 광고는 상품을 살 때 좋은 도움을 주기도 하지만 좋은 모습만 과장되게 보여 줘서 충동구매를 하도록 이끌기 때문이지.

계단에 에베레스트 산을 그린 까닭은?

물건을 많이 팔아 이익을 내기 위한 상업적인 광고만 있는 것이 아니야. 모두가 행복한 세상을 만들기 위한 공익 광고도 있어.

우리나라 광고 기획자인 이제석 씨는 뉴욕 지하철 역 계단에 아주 인상적인 광고를 만들었지. 계단에 거대한 자연의 모습을 담아낸 거야. 세계에서 가장 높은 에베레스트 산이었어. 그 아래는 이런 문구가 있었단다.

'누군가에게 이 계단은 에베레스트 산입니다.'

그 누군가가 궁금하다고? 바로 다리가 불편한 사람들이야. 자세히 보면 계단 맨 아래에 휠체어 표시가 있어. 이 광고는 계단이 다리가 불편한 사람들에게는 거대한 에베레스트 산처럼 느껴진다는 것을 상징적으로 나타낸 것이지.

계단은 다리가 불편한 사람들에게는 넘을 수 없는 큰 장애물과 같아. 그

지하철 역 공익 광고

래서 계단을 거대한 에베레스트 산으로 표현하여 이런 어려움을 깨닫게 하고, 누구나 공공시설을 이동하는 데 불편함을 겪지 않고 안전하게 생활할 수 있는 환경이 중요하다는 것을 말하고 있는 거야. 이처럼 광고는 사람들의 생각을 바꾸고 더불어 행복하게 살기 위해 필요한 것이 무엇인지를 일깨우기도 해.

또 다른 광고를 볼까? 이건 어떤 장면 같니?

동물 실험 반대 포스터

 개가 쓰러져 있어요. 피를 흘리는 것 같아요.

 아니야. 피가 아니라 빨간색 물건들 같은데?

그래, 개가 누워 있는 자리에 화장품이 붉은 피처럼 놓여 있어. 우리가 매일 사용하는 화장품이 만들어지는 과정에서, 동물들이 희생되고 있다는 것을 표현한 것이지. 화장품을 만들 때, 성분이 위험한지 알아보기 위해 동물을 대상으로 먼저 실험을 하는데, 이 과정에서 동물들은 고통을 겪고 목숨을 잃게 돼. 수많은 동물들이 실험용으로 학대받고 있다는 사실을 널리 알리기 위해 이런 장면을 담은 거야.

유럽에서 이 광고가 널리 퍼지고 사회적으로 큰 관심을 받으면서 화장품을 만들 때 동물 실험을 하지 않게 되었어. 아예 법으로 동물 실험을 한 화장품을 팔지 못하게 했거든.

　우리나라에서도 동물 실험을 반대하는 목소리가 높아지면서 동물 실험을 하지 않고 만든 화장품들이 나오고 있어. 점차 많은 사람들이 화장품을 고르기 전, 이 문제에 대해 생각하게 되었지. 이처럼 공익 광고는 사회의 변화를 이끌어 가는 데 중요한 역할을 하고 있단다.

사회를 비추는 대중 매체

광고나 텔레비전 프로그램을 보면 요즘 사람들의 고민이나 생각을 알 수 있어. 한때 '부자 되세요!'라는 말이 유행한 적이 있었어. 한 신용 카드 회사의 광고 문구였지. '부자 되세요!'라는 말은 심지어 '안녕하세요?', '식사하셨어요?' 같은 인사말처럼 쓰이기도 했어. 이 말이 유행할 당시 우리나라는 외환 위기를 겪은 뒤였어. 어려움을 딛고 경제가 회복되어 돈을 많이 벌기를 바라는 마음이 컸기에 이 말이 널리 쓰일 수 있었던 거야.

시대에 따라 달라지는 광고

광고는 시대 상황을 민감하게 반영하고 있으니까 예전에 만든 광고를 보면 우리 사회가 어떻게 변화했는지 알 수 알겠지? 특히 인구와 관련된 공익 광

1970~1980년대 인구 정책 표어

고들은 우리나라 인구 정책이 어떻게 변화되었는지 살펴볼 수 있는 좋은 자료야.

1960년대에는 '덮어 놓고 낳다 보면 거지 꼴을 못 면한다.'라는 표어를 내놓았어. 아이를 많이 낳지 못하게 하려고 만든 것이었지. 당시 사람들은 아이를 많이 낳았는데, 그럴 수밖에 없는 이유가 있었거든.

1950년부터 1953년까지 한국 전쟁이 벌어졌어. 전쟁으로 헤아릴 수 없을 만큼 많은 사람들이 죽거나 다쳤지. 전쟁이 멈추자 사람들은 너 나 할 것 없이 아이들을 많이 낳았어. 전쟁을 치른 대부분의 나라에서 일어나는 일이지. 새로운 생명을 통해 희망을 키우려는 마음이 생겨나기 때문이지. 이렇게 아이를 많이 낳는 현상을 '베이비 붐(Baby boom)'이라고도 해.

아이가 너무 많이 태어나면 어떤 문제가 생길까? 우선 생활비가 늘어 살림살이가 빠듯해지겠지. 흥부네 식구를 떠올려 봐. 찢어지게 가난한데 아이들

1990~2000년대 인구 정책 표어

은 너무 많지. 그 많은 아이들을 제대로 먹이지 못하고 교육도 제대로 시키지 못하잖아. 그래서 '거지꼴을 못 면한다.'라는 표어까지 만들며 인구가 늘어나는 것을 막은 거야.

이후 구체적으로 '한집에서 남녀 구분 말고 2명만 잘 키우자.'라고 하다가, '둘도 많다.'라는 표어가 나와. 그만큼 아이를 많이 낳는 것을 어떻게든 막아 보려 한 거지. 그러나 90년대에 들어 문제가 생겼어. 한 명만 낳는다면 꼭 아들을 낳고자 하여, 여자아이에 비해 남자아이의 수가 많아진 거야. 그러자 이를 경고하는 표어가 나왔지.

2000년대부터는 정부 정책이 이전과 정반대가 되었어. '혼자는 싫어요. 저도 동생을 갖고 싶어요.'라는 표어를 만들며 아이를 많이 낳도록 하고 있어. 그 사이 우리나라가 아이를 적게 낳는 저출산 국가가 되었기 때문이야. 아이가 적게 태어나면 어떤 일들이 벌어질까?

저출산을 경고하는 공익 광고 포스터

학교에 갈 사람이 없어 교실이 텅텅 비겠죠?

 물건을 사는 사람도 줄어서 경제가 어려워질 것 같아요.

노인들은 많아지는데 어린이나 청소년의 수가 줄면 사회의 균형이 깨지지. 일할 사람이 줄면서 나라의 경제도 나빠질 것이고, 더 멀리 본다면 전체 인구가 계속 줄면서 대한민국은 사라지게 될지도 몰라. 생각보다 아주 심각한 문제지?

우리나라는 어쩌다 저출산 국가가 되었을까? 그건 우리나라에서 아이 한 명을 낳아 키우는 것이 너무 힘든 일이기 때문이야. 지금 아이 한 명을 낳아 키우는 데 드는 비용이 얼마인지 아니? 무려 3억 원이나 된대. 아이를 제대로 키우기 위해서 필요한 것들이 많기 때문이야. 경제적으로 부담이 되다 보니, 아이를 낳는 것을 꺼리게 되는 거지.

어때? 광고를 보면 사회의 모습이 어떤지 분명하게 보이지? 지금 우리가 즐겨 보는 광고들은 먼 훗날 과거를 생생히 떠올릴 수 있는, 살아 숨 쉬는 역사 자료가 될 수 있어.

드라마 속 신데렐라와 백마 탄 왕자

우리나라 드라마는 다른 나라에서도 많은 인기를 끌고 있어. 드라마 속 상황이 현실과 다른 점을 비판하며 뻔한 이야기로 여기는 사람들도 있지만, 여전히 많은 사람들이 드라마에 푹 빠져 있어. 드라마 속 주인공에게 벌어졌던 일들이 현실에서도 이루어지기를 꿈꾸기도 하지.

이런 드라마에도 우리 사회 모습이 담겨 있단다. 자, 현대가 배경인 드라마 속 남자 주인공의 직업 중 가장 많은 것은 무엇일까? 의사? 검사? 연예인?

바로 재벌 2세야. 실제로 2011년 〈한겨레〉 신문사에서 조사한 자료에 따르면, 남자 주인공들의 70퍼센트 정도가 재벌 2세로 나왔어. 생각해 보면 우리나라 드라마에 자주 나오는 이야기가 형편은 어렵지만 성실하고 꿋꿋하게 살아가는 여자 주인공이 부유한 집안의 남자를 만나는 내용 같아.

드라마 속 여자 주인공은 마치 신데렐라 같아. 어려서부터 온갖 고생을 하면서도 용기를 잃지 않고 지내다가 신데렐라가 왕자님을 만나듯 재벌 2세를 만나 행복하게 사는 모습을 보여 주며 끝을 맺어. 그런데 이런 이야기를 두고 여성 단체를 비롯해 여성의 인권을 소중하게 여기는 사람들이 비판을 하고 있어.

주인공이 행복하게 잘살게 되었다는 내용이 왜 문제가 될까? 샘이 많은 사람들이 질투를 하는 걸까?

오늘날 드라마 속 여성들이 성공한 남자와 만나 결혼을 하고 행복하게 살아가는 이야기는 곱씹어 생각해 볼 문제야. 여성 혼자서도 얼마든지 행복하게 살아갈 수 있는데, 꼭 백마 탄 왕자나 재벌 2세가 짠 하고 나타나 여자를 도와주어야 할까? 이런 이야기는 기본적으로 여성을 남성의 보호를 받아야 하는 존재로 생각하고 있다는 것이거든.

최근에는 멋진 남자만을 기다리는 소극적인 여성이 아니라 당당하게 자신의 삶을 살아가는 여성 이야기들이 펼쳐지고 있어. 여성의 역할에 대한 고정 관념을 깨뜨리기 위해 어린이들이 즐겨 보는 만화 속에서도 용감한 공주 이야기를 다루기도 했어.

그러나 여전히 남자와 여자의 역할을 구분 짓는 내용이 만화에서도 알게 모르게 드러나고 있어. 〈뽀로로〉 만화에서도 마찬가지야. 일단 뽀로로에 등장하는 친구들의 옷 색깔을 살펴보자.

뽀로로를 비롯해서 남자 친구들은 파란색, 루피를 비롯한 여자 친구들은 분홍색이야. 그리고 뽀로로와 크롱 같은 남자 친구들은 주로 야외에서 활동하는 반면, 루피와 패티는 집에서 요리를 하지. 남자는 집 바깥, 여자는 집 안에서 주로 지내는 모습을 보여 주며, 남자와 여자의 역할을 구분지은 거야. 그래서 많은 사람들이 이 부분을 바꿔야 한다고 했고, 뽀로로 제작진도 이 의견을 받아들였지.

또, 처음 〈뽀로로〉가 시작되었을 때는 여자보다 남자 캐릭터가 많이 나왔

어. 그래서 시즌1에서 둘이었던 여자 캐릭터를 시즌3에서는 셋으로 늘리면서 문제를 바로잡았어.

　드라마뿐 아니라 아주 어린아이들이 즐겨 보는 만화에조차, 남자와 여자를 차별하는 내용이 있다는 게 놀랍지? 그러니까 텔레비전을 볼 때는 당연하게 여겨 온 것들을 한 번쯤 뒤집어 생각했으면 좋겠어. 남자와 여자에 대한 고정 관념이 녹아들어 있는 것은 아닌지 살피면서 말이야. '남자는 이래야 해.', '여자는 저래야 해.' 하는 생각들을 떨쳐 내다 보면 우리가 사는 이 사회가 더 평등한 곳이 되지 않을까?

신문 기사로 다시 살펴보는 역사의 진실

거짓말 하면 어떤 생각이 떠오르니? 거짓말을 하는 것은 나쁘다는 생각부터 들지 않을까 싶어. 그런데 거짓말을 신문이나 방송에서 할 수밖에 없는 상황도 있었어. 심지어 거짓말 덕분에 진실을 알릴 수 있었다고도 하는데, 과연 무슨 일이었을까? 역사 속 신문 기사를 들춰 알아보자.

일장기 말소 사건

올림픽에서 금메달을 딴 선수의 사진에서 마음대로 국기를 지운 기자가 있다면 어떻게 될까? 엄청난 비난을 받고 더 이상 기자 생활을 못 하게 되겠지? 그런데 그런 일이 우리나라에서 있었어. 과연 그 기자는 왜 이 같은 일을 저질렀을까?

1936년, 베를린 올림픽 때 전 세계인들의 시선이 한 청년에게 쏠렸어. 청년이 마라톤 경기에서 세계 신기록을 세우며 우승했기 때문이지. 그런데 이 청년은 금메달을 목에 걸고도 어두운 표정을 지었어. 최고의 기록으로 금메달을 땄지만 정작 자신의 나라가 아닌 다른 나라의 국기를 달고 대회에 참여했거든. 이 청년이 바로 손기정 선수야.

대회에 참가한 손기정 선수의 가슴에는 일장기가 있었어. 1936년 당시 우리나라는 일본의 식민지였기 때문에 우리 국기를 달지 못했던 거야. 그래서일까? 우승의 기쁨을 누릴 최고의 순간이지만 손기정 선수는 시상식에서 부

손기정 선수(가운데)와 동메달을 딴 남승룡 선수(왼쪽)

상으로 받은 월계수로 일장기를 가린 채 고개를 숙일 수밖에 없었어.

비록 태극기를 달고 뛰지는 못했지만, 손기정 선수의 우승 소식은 일제의 식민 지배를 받던 우리 겨레에게 큰 힘을 실어 주었어. 이 소식을 전해야 하는 신문사에서는 고민이 생겼어. 올림픽에서 금메달을 딴 손기정 선수 가슴에 있던 일장기를 어떻게 처리해야 할지를 두고 말이야.

이때 여운형 선생님이 운영하던 〈조선중앙일보〉에서는 손기정 선수 가슴에 있던 일장기를 지우고 기사를 내보냈어. 신문을 인쇄하기 전에는 일제의 검열을 통과해야 했는데, 당시 인쇄기 상태가 좋지 않아 일장기를 지운 사실이 드러나지 않은 채 사진을 실을 수 있었어.

〈동아일보〉에서도 손기정 선수 가슴의 일장기를 지운 사진을 신문에 실었어. 하지만 〈동아일보〉의 인쇄 상태는 〈조선중앙일보〉보다 좋았기 때문에 일부러 일장기를 지운 사실이 발각되었고, 〈조선중앙일보〉 역시 이 사실이 뒤늦게 드러나고 말았어.

일장기를 일부러 지운 사실이 알려지며 기사를 내보낸 기자들은 경찰에 체포되었고, 〈조선중앙일보〉와 〈동아일보〉는 발행이 금지되었어. 〈동아일보〉는 10개월 후 다시 활동을 시작했지만, 여운형 선생님이 운영하던 〈조선중앙일보〉는 조선 총독부의 압력으로 끝내 문을 닫고 말았어.

일장기를 지웠던 당시의 기자들에 대해 어떤 생각이 드니? 사진을 있는 그대로 보여 주었어야 했을까? 아니면 사실과 다르더라도 일장기를 지운 선택이 옳았을까? 두 사진을 보며 곰곰이 생각해 보자.

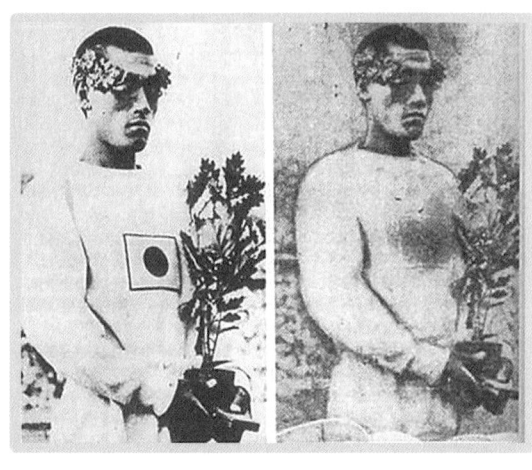

일장기가 그대로 나온 사진(왼쪽)과
일장기를 지운 사진(오른쪽)

신문은 왜 자살이라고 보도했을까?

손기정 선수의 금메달 보도와 비슷한 경우가 또 있어. 바로 이준 열사의 소식을 전한 신문 보도야. 이준 열사는 1907년, 고종 황제의 특별한 임무를 받고 만국 평화 회의가 열리는 네덜란드 헤이그로 떠났어. 그로부터 2년 전, 우리나라는 강제로 일본과 을사조약을 맺게 되며 외교권을 빼앗기고 말았어.

고종 황제는 을사조약이 무효임을 널리 알리기 위해 이준, 이상설, 이위종을 특사로 보낸 거야.

이준 열사는 헤이그에서 갑작스럽게 생을 마감했어. 그런데 이준 열사의 죽음을 둘러싸고 오랫동안 실제와 다르게 알려진 사실이 있었어. 당시 이준 열사의 죽음을 알린 신문 기사를 볼까?

> 어제 동경 전보를 접한 즉, 이준 씨가 억울하고 안타까운 마음을 이기지 못해 자살하여 국제 외교관들 앞에서 피를 뿌려 세계 여러 나라 사람들을 놀라게 하였다.
> – 〈대한매일신보〉 1907년 7월 18일 호외

> 이준 씨가 조선의 독립을 위해 자신의 배를 갈라 자살했다는 소식이 전해진다.
> – 〈황성신문〉 1907년 7월 19일

〈대한매일신보〉와 마찬가지로, 〈황성신문〉 역시 이준 열사가 스스로 목숨을 끊었다고 전했어. 사람들은 100여 년 동안 이준 열사의 죽음에 대한 이 내용을 사실로 믿었어.

그런데 그 무렵, 전혀 다른 기사를 쓴 신문이 있어. 바로 일본의 〈진서신문

〉이야. 이 신문사에서는 '이준은 얼굴에 종기가 생겨서 떼어 냈는데, 염증이 심해져 이틀 전에 사망하고 어제 장례식을 집행…' 이라고 보도했어.

우리나라의 신문과 일본의 신문 중 한쪽은 완전히 잘못된 소식을 전한 것이야. 과연 어떤 이야기가 진짜일까?

그 해답을 찾기 위해 여러 사람들이 조사를 했어. 이준 열사는 분명 종기가 나는 병을 앓고 있었어. 하지만 일본 신문 기사처럼 이준 열사가 숨을 거둔 것이 단순히 종기 때문만은 아니야. 독립을 이루기 위해 다양한 활동을 펼치다 과로를 한 탓도 있고, 일본의 방해로 뜻을 이루지 못하자 울분이 쌓여 건강이 더욱 나빠졌기 때문이야. 결국 이준은 나라를 빼앗길 긴박한 상황에 대한 설움과 분노가 쌓여서 죽은 거나 다름없었던 거야.

그럼에도 다른 원인은 밝히지 않고 오직 종기 때문에 세상을 떠난 것처럼 기사를 쓴 일본 신문은 중요한 진실을 가리고 있어. 이준 열사가 나라의 독립을 위해 힘쓰다 병들어 죽은 사실이 알려지면 일본 입장에서는 곤란해질 수 있기 때문이지.

이준 열사와 함께 특사로 파견된 이위종 역시 〈만국평화회의보〉와 한 인터뷰에서, 이준 열사가 조국에 대한 비통한 심정을 드러내며 눈을 감았다고 했지.

그래서 당시 〈대한매일신보〉의 책임자였던 양기탁이 신채호, 베델과 의논해서 이준 열사가 스스로 목숨을 끊은 것으로 기사를 쓰게 했다고 해. 즉 이준 열사의 절박한 마음을 헤아리고 우리나라를 지켜 내겠다는 절실함을 담아 그의 죽음을 사실과 다르게 알린 게 아닐까?

이준 열사가 스스로 목숨을 끊었다고 한 당시 기사가 진실이 아닌 것에 대해 어떤 생각이 드니?

앞서 본 내용을 떠올려 볼까? 만일 〈조선중앙일보〉나 〈동아일보〉가 일장기를 지우지 않고 사실 그대로 신문에 내보냈다면 어떻게 되었을까? 오히려 더 중요한 진실이 묻히지 않았을까? 일장기를 지웠기 때문에 손기정 선수가 일본인이 아니라는 진실이 밝혀지고, 일본이 강제로 우리나라를 식민 지배하고 있다는 것을 세상에 드러낼 수 있었으니 말이야. 이렇게 보면 당시 일장기를 지운 기자들의 노력 덕분에 또 다른 진실과 마주할 수 있었다는 생각이 드는구나.

이준 열사의 보도도 마찬가지야. 분명 과장된 표현을 써서 그의 죽음을 보

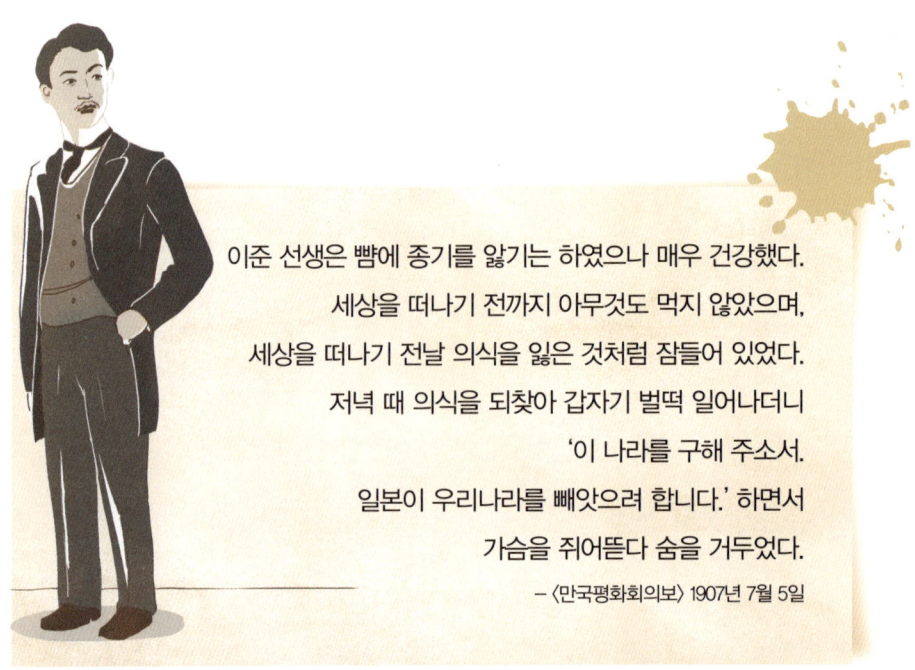

이준 선생은 뺨에 종기를 앓기는 하였으나 매우 건강했다.
세상을 떠나기 전까지 아무것도 먹지 않았으며,
세상을 떠나기 전날 의식을 잃은 것처럼 잠들어 있었다.
저녁 때 의식을 되찾아 갑자기 벌떡 일어나더니
'이 나라를 구해 주소서.
일본이 우리나라를 빼앗으려 합니다.' 하면서
가슴을 쥐어뜯다 숨을 거두었다.
- 〈만국평화회의보〉 1907년 7월 5일

도했지만, 당시 상황을 자세히 살핀다면 왜 그렇게 기사를 썼는지 알 수 있지. 물론 이와 다르게 생각하는 친구들도 있을 거야.

언론의 역할은 참 중요해. 많은 사람들이 방송이나 신문은 사실만을 알려 준다고 생각하며 그대로 받아들이니까. 그럼, 수많은 대중 매체가 넘쳐나는 요즘, 쏟아지는 기사들을 어떻게 보면 좋을까? 언론이 모든 진실을 다 담아내지 못할 때도 있다는 것을 생각하면서 다양한 관점에서 살펴보는 게 좋겠지. '보이는 게 전부가 아닐 수 있다.'는 말을 찬찬히 곱씹어 보면서 말이야.

이제 교실 밖으로
나가 보자!

드넓은 세상 속 생생한 삶을 만날 수 있다는 게 사회 공부의 또 다른 매력이야. 물건을 사러 가는 시장이나 대형 마트, 체험 학습 장소로 즐겨 찾는 박물관에서도 사회 공부를 할 수 있어. 박물관에 가면 마치 타임머신을 타고 탐험하듯 옛날 흔적을 둘러볼 수 있고, 미래 사회는 어떤 모습일지 상상해 볼 수도 있지.
길을 오가면서 익숙하게 보아 왔던 표지판과 거리의 모습도 찬찬히 살피면 우리 사회의 또 다른 모습을 발견할 수 있어. 세상 속으로 발을 디뎌 볼까?

4. 두 발로 배우는 사회

박물관에서 유물을 만나는 방법

박물관에서는 색다른 체험을 할 수 있어. 책에서 본 유물들을 박물관에 가서 실제로 본다면 느낌이 많이 다를 거야. 생각한 것보다 유물이 훨씬 커서 놀랄 수도 있고, 반대로 유물이 사진보다 멋지지 않고 크기도 작아 실망할 수도 있겠지. 박물관에 가면 유물이 매끈한지 거친지도 직접 살필 수 있어. 이런 건 교실에서는 절대 알 수 없지.

신나는 놀이터, 박물관

박물관을 떠올리면 어떤 느낌이 드니? 신기한 게 많은 곳? 그다지 재밌지는 않은 곳? 박물관에 가면 신이 나는 사람도 있고, 다리 아프다며 투덜대는 사람도 있어.

선생님한테 박물관은 쉼을 주는 놀이터 같은 곳이야. 한여름에도 박물관 안은 시원하고, 겨울에는 따뜻하지. 지금은 아이와 함께 바람을 쏘이며 보물찾기를 하는 곳이기도 해.

너희들한테 박물관은 어떤 곳이니? 단어를 채워 문장을 완성해 봐.

박물관은 _____ 이다.

박물관에서 체험 학습을 하면 힘들 때가 많지? 이해해. 그런데 박물관을 공부하는 곳으로만 생각하면 순식간에 지겹고 힘든 곳이 되어 버리지.

비밀 하나 알려 줄까? 박물관에 가면 유난히 쉽게 피곤해지고, 다리와 허리가 아픈 진짜 이유. 박물관은 무엇보다 유물이 가장 중요한 곳이야. 그래서 박물관 공간과 조명은 관람객보다는 유물에 맞춰져 있어. 이런 이유로 관람객들은 평상시보다 조금 더 피곤함을 느낄 수 있어. 바닥도 진동을 줄이기 위해서 딱딱하게 만들었어. 그러니 박물관에 갈 때는 편안한 신발이 필수겠지.

박물관의 종류는 참 다양해. 국립중앙박물관처럼 큰 종합 역사 박물관이 있고, 서대문 자연사박물관처럼 자연사를 다루거나, 지도박물관이나 한지박물관처럼 한 분야만 전문적으로 다루는 등 세상에는 별의별 박물관이 다 있어.

이제 우리나라를 대표하는 국립중앙박물관에 함께 가 보자. 교과서에서 사진으로 만났던 대표적인 유물들을 볼 수 있을 거야.

건물부터 크고 웅장한 국립중앙박물관. 하지만 너무 커서 거기 있는 유물들을 제대로 보려면 하루가 아니라 일주일 정도 시간이 걸려. 이렇게 큰 박물관에 가면 관심 있거나 대표적인 유물들을 골라 봐야 할 거야. 보물찾기를 하듯 '유물 찾기'를 해 보는 거지.

사실 유물을 찾는 것 자체가 보통 일이 아니야. 국립중앙박물관은 워낙 크니까 더 쉽지 않겠지. 그럼 유물들을 어떻게 찾으면 좋을까?

- 박물관 안내 책자를 보면 찾을 수 있어요.
- 직접 뛰어다니며 찾았어요.
- 저기 놓인 검색대에서 찾았어요.
- 박물관을 안내해 주시는 도슨트 선생님께 여쭤 보았어요.

그래, 유물을 찾는 방법에는 여러 가지가 있어. 그중에서도 먼저 박물관에 있는 안내 책자를 보면 좋겠어. 박물관 입구에 있는 전시장 안내도도 함께 보면 좋아. 그러면 각 전시장별로 무엇이 있는지 알 수 있어서 유물을 쉽게 찾을 수 있거든.

박물관 탐정 출동!

탐험대가 되어 그 박물관을 대표하는 유물들을 찾았다면, 이번에는 탐정이 되어 보자. 과연 유물이 어떻게 만들어진 것인지, 어떤 사연이 담긴 유물인지 등을 생각하면 박물관이 훨씬 재미있어질 거야.

추리 ❶

무엇에 쓰는 물건일지 생각해 보기

동그란 모양의 이 물건은 무엇일까? 아주 오래전에 사람들이 쓰던 거야. 이 물건은 당시 힘센 사람들이 목걸이로 만들어서 걸고 다니거나 몸에 지니고 다녔던 것으로 보여. 그걸 어떻게 아느냐고? 자세히 보면 끈을 걸 수 있는 고리가 있거든.

이건 지금으로부터 약 3000년 전인 청동기 시대에 쓰인 거울이야. 청동기로 만들어서 '청동 거울'이라고 해. 거울인데도 왜 얼굴을 전혀 비춰 볼 수 없냐고? 지금 보이는 부분은 거울의 뒷면이거든. 우리가 책이나 박물관에서 보게 되는 청동 거울은 대부분 뒷면을 전시한단다. 왜 그럴까?

청동 거울 뒷면에는 여러 가지 무늬가 새겨져 있는데, 그 무늬를 보면 당시 사람들의 문화와 기술을 알 수 있거든. 그래서 앞면이 아닌 뒷면을 보여 주는 거지. 놀랍게도 청동 거울에 새긴 모양이 너무나 정교해서, 오늘날의 기술로 만들 수 없는 거울도 있다고 해. 그 옛날에 이런 걸 어떻게 만들었는지 참 신기하지?

그럼 청동 거울은 오늘날의 거울처럼 얼굴을 비춰 볼 수 있을까? 당시의 거울은 얼굴을 보기 위한 게 아니었어. 그리고 아무나 가질 수 없는 물건이었지. 청동 거울은 힘 있는 사람이 자신을 특별하게 드러내는 데 쓰였어.

햇빛에 반사되어 번쩍번쩍 빛나는 청동 거울을 지니고 있으면, 그 사람에게 신성한 기운이 있는 것처럼 보였을 거야. 하늘에만 있는 태양빛이 거울에서 나오니, 사람들은 이 청동 거울을 가지고 있는 사람이 하늘의 신과 연결하는 중요한 역할을 맡는다고 생각했지.

원래 황금빛이었던 청동 표면에는 검푸른 녹이 덮여 버렸어. 세월이 흐르며 지금과 같은 색으로 변해 버린 거야. 이 녹은 청동이 상하는 것을 막아 준다고 해. 덕분에 청동 거울이 이토록 오랫동안 남아 있게 되었으니, 녹이 쓸어 버린 게 한편으로는 참 다행이지?

에헴, 나는 하늘의 자손이다!

이 청동 거울은 하늘에 제사를 지낼 때 쓰였지.

추리 ❷

질문하며 유물과 마주하기

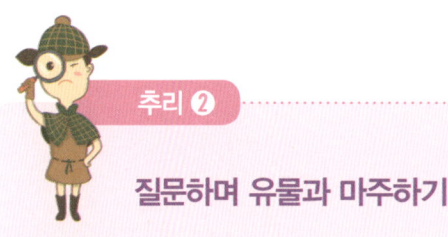

반달 모양에 구멍 두 개가 뚫린 이 물건은 무엇일까? 이 물건은 반달 모양으로 생긴 돌칼이라고 해서 '반달 돌칼'이라고 불러. 반달 돌칼에는 매우 중요한 역사적 사실이 담겨 있어. 바로 청동기 시대의 사람들의 농사짓는 방식이지.

반달 돌칼은 농사 기구로, 가을걷이 때 이삭을 자르는 도구로 사용되었다고 해. 구멍이 뚫려 있는 곳에 끈을 넣어 손잡이로 사용한 것 같아. 어떻게 사용했는지 알게 되었으니, 또 다른 궁금증이 생길 거야.

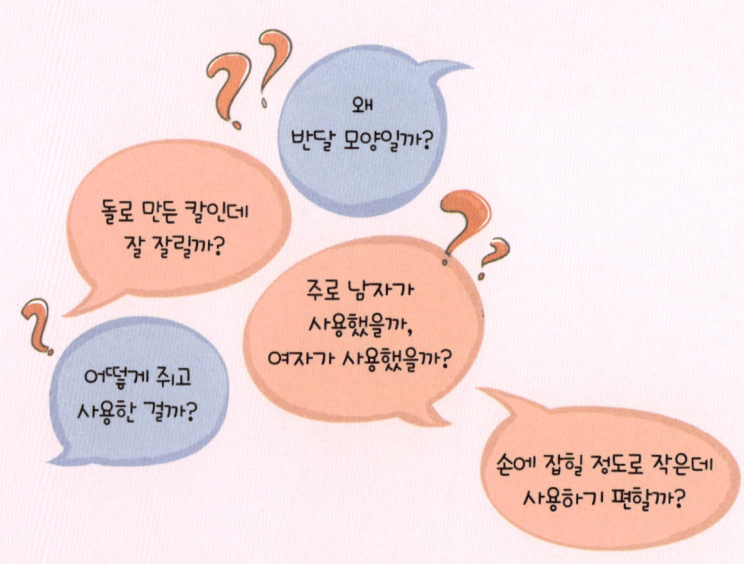

이런 질문들을 던지는 건 참 중요해. 사실을 그대로 받아들이는 것을 뛰어넘어 스스로 생각하게 되니까. 특히 청동기 시대처럼 아주 먼 옛날의 이야기들은 꼭 정해진 답이 있는 게 아니야. 너무 오래전 일인 데다가 기록도 거의 남아 있지 않으니까. 단지 유물을 보며 옛날 모습들을 짐작해 보는 거지. 그래서 새로운 유물이 발굴되면 그 이전의 연구 결과가 뒤집히기도 해. 자, 그럼 반달 돌칼에 대해 던졌던 질문들의 답을 생각해 보자.

 반달 모양인 건, 반달 돌칼을 무기로는 사용하지 말라는 뜻일지도 몰라요.
 농사일이 힘드니까 남자가 많이 썼을 것 같아요.
 남자들은 사냥을 나갔을 테니까 집에 있는 여자들이 주로 쓰지 않았을까요?

무기로는 사용하지 말라는 깊은 뜻이 반달 돌칼에 있는지도 모르겠어. 누가 많이 사용했는지 답을 찾다 보니 당시 사회상도 추리하게 되는구나. 칼의 성능이 좋을지에 대한 질문은 돌칼을 만들어서 사용해 보면 알 수 있겠지? 실제로 만들어 사용해 보니 마치 철로 만든 칼처럼 곡식이 잘 베였다고 해. 다만 당시에는 곡식을 한꺼번에 베지 않고, 먼저 익는 이삭만 하나씩 골라서 땄을 것으로 보았지.

유물이 없다면 과거의 모습을 전혀 알 수 없을 거야. 타임머신이 만들어지지 않는 이상, 과거로 돌아갈 수는 없으니까. 유물 덕분에 과거 여행을 하듯 옛날 사람들의 생활 모습을 떠올릴 수 있으니, 박물관이 지루할 수만은 없겠지?

추리 ❸

유물이 될 내 물건 떠올려 보기

지금 우리가 사는 현재도 언젠가는 과거가 될 거야. 그러니까 지금 우리가 쓰고 있는 물건도 시간이 흐르면 유물이 될 수 있어. 예전에는 유선 전화기만 사용했지만 요즘에는 휴대 전화를 주로 사용하고, 영상 통화까지 할 수 있게 되었어. 그에 따라 사람들의 소통 방식도 많이 달라졌지.

유선 전화기를 더 이상 사용하지 않는다면 이 또한 역사를 담고 있는 유물이 될 거야. 더 새로운 기술이 나오면 현재 많은 사람들이 사용하고 있는 휴대 전화도 결국 과거 사람들이 연락을 주고받던 기계 중의 하나로 기억될 것이고. 이처럼 일상생활 속에서 쓰인 유물들은 주로 생활사박물관이나 민속박물관에 전시되어 있어.

옛날 사람들이 남긴 그림을 통해서도 조상들의 생활 모습을 알 수 있어. 김홍도의 그림 〈서당도〉는 조선 시대 어린이들이 공부하던 서당 풍경을 담고

있어. 우리도 반 친구들과 교실에서 함께 공부하는 모습을 사진으로 남겨 두었다고 생각해 봐. 혹시 또 모르지. 우연히 찍은 사진이 몇 백 년 후에는 박물관에 전시될지도. 몇 백 년 후 사람들은 우리의 모습을 보면서 어떤 생각을 할까?

　지금은 널리 쓰이지만 미래의 유물이 될 물건을 골라, 아래 빈칸에 그리고 소개하는 글을 쓰며 박물관 탐험을 마치자.

유물 소개 : _____

_____

_____

 더불어 사는 사회

학교 끝나고 집으로 가는 길을 찬찬히 떠올려 봐. 무심코 지나쳤던 거리 곳곳에는 우리가 눈여겨 봐야 할 것들이 많이 있어. 다양한 표지판을 비롯해서 조각상, 구조물 등 말이야. 주변을 천천히 둘러보면서 더 생생한 사회를 만나 볼까?

누구나 인간답게 살기 위해 필요한 것

다음 시설들의 공통점은 무엇일까?

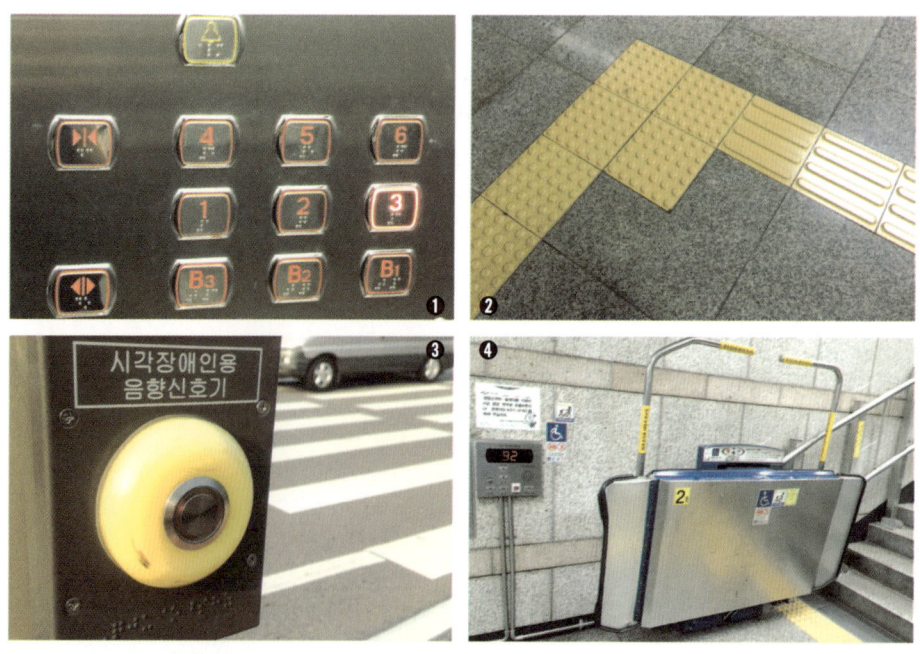

❶ 승강기 점자 버튼 ❷ 점자 보도블록 ❸ 횡단보도 음성 안내장치 ❹ 휠체어 승강기

가만히 보면 생활 곳곳에 있는 익숙한 것들일 거야. 바로 장애인들을 위한 시설이지. 승강기 버튼을 보면 손으로 더듬어 읽을 수 있는 점자가 새겨져 있고, 보도블록도 앞이 잘 보이지 않는 사람을 위한 길 안내 기능을 갖추고 있어. 횡단보도 옆에는 시각 장애인을 위한 버튼이 있어 교통 상황을 소리로 안내받을 수 있지. 휠체어를 탄 채 계단을 이동할 수 있는 승강기도 있고 말이야.

장애인의 숫자를 헤아리면 500만 명이 넘어. 하지만 대중교통을 이용하는 장애인들을 많이 보지는 못했을 거야. 아직은 장애인들이 마음 편히 이동하기에 어려운 점이 많기 때문이야. 생각해 보면 장애로 인한 어려움은 몸이 불편한 것보다도 그들을 배려해 주지 않는 환경에서 오는 게 클 거야.

이제 다음 그림을 볼까? 공공장소에서 쉽게 볼 수 있는 그림이지? 이렇게 정보를 누구나 이해할 수 있는 상징적인 그림으로 표현한 것을 '픽토그램'이라고 해.

이 그림은 모두 장애인을 나타내고 있어. 하지만 미묘한 차이가 있지. 그게 무엇일까?

왼쪽은 사람이 꼿꼿이 앉아 있고, 오른쪽 사람은 움직여요.
 앗! 오른쪽 사람은 목과 발이 없어요.

너무 꼼꼼히 들여다보는 것 아니니? 이 두 그림의 결정적 차이는 휠체어를 움직이는 손의 위치야. 오른쪽 그림은 누군가의 도움을 받아야 하는 것이 아니라, 스스로 움직이며 생활할 수 있는 것을 표현한 거야. 반면, 왼쪽 그림은 장애인을 무기력한 모습으로 보게 하지.

장애로 불편함을 느끼겠지만, 무조건 다른 사람의 도움을 받아야만 하는 것이 아니거든. 그래서 왼쪽의 그림을 오른쪽의 그림으로 바꿔서 표시한 거야. 이런 미묘한 그림의 차이가 우리에게, 장애인에 대한 편견을 깨뜨리도록 하지.

장애인에 대한 편견을 없애려는 노력과 더불어 장애인들을 배려한 시설은 생활 주변에서 더 찾을 수 있어. 영화관이나 야구장, 공연장을 떠올려 봐. 그곳에는 장애인을 위한 특별한 좌석이 마련되어 있어. 이 자리들은 경기를 보기 가장 좋은 곳에 있지. 공공 주차장에도 이런 자리가 마련되어 있어. 장애인들만 주차할 수 있는 전용 구역은 이용하기 편리하도록, 입구와 가장 가까운 곳에 있지.

그렇지만 장애인들이 쉽게 다닐 수 있는 이동 수단이 충분히 마련돼 있지 않아, 이런 시설들을 마음 편히 이용할 수가 없어. 영화관이나 공연장에 가려면 일단 이동을 해야 하는데, 휠체어를 타고 이용할 수 있는 시내버스도 많이 부족해.

지하철도 마찬가지야. 엘리베이터가 없는 곳도 있고, 휠체어 승강기는 자주 고장이 나서 마음 놓고 사용하지 못하지.

명절에 고향에 가고 싶어도, 다리가 불편한 장애인들은 혼자서 갈 수가 없어. 휠체어를 싣는 전용 고속버스가 없어 꿈도 꾸지 못하지. 휠체어를 탄 채 이동할 수 있는 고속버스가 어서 빨리 마련돼야겠지?

우리 모두는 행복한 삶을 누릴 권리가 있어. 몸이 불편한 사람들도 차별 받지 않고 이런 권리를 똑같이 누려야 해. 즉 누구에게나 인권이 지켜져야 한다고. 인권은 나이, 성별, 장애 등에 상관없이 누구나 인간으로서 존중받으며 살 권리야. 선진국은 단지 돈이 많아서 잘사는 나라를 말하는 것이 아니야. 인권이 보장되어 누구나 인간답게 살 수 있는 나라이지. 그런 점에서 우리나라도 진정한 선진국이 되기 위해서 어떤 문제들이 해결돼야 할지 생각해 보면 좋겠구나.

청계천에 세워진 특별한 동상

서울 도심 한복판을 가로지르는 청계천을 따라 거닌 적 있어? 청계천을 따라 걷다 보면 여러 다리들을 만날 수 있어. 그중 평화시장 앞의 다리에는 특별한 동상이 하나 있어.

이 동상의 주인공은 1970년대에 평화시장에서 옷을 만들던 청년이야. 그때는 아이들이 학교에 다니지도 못한 채 일터에 나서는 경우가 많았어. 초등학생이나 중학생 또래의 여성 노동자들도 많았고, 하루에 14시간 이상 꼬박 일만 해야 했어.

하지만 일을 하고 받는 돈은 너무나 적었어. 일하는 환경도 심각하게 좋지 않아서 피를 토하는 폐병에 걸릴 정도로 노동자들의 건강이 매우 나빠졌지.

그런데 이런 환경에서 일하던 이 청년은 자신보다 더 어려운 사람들을 도왔어. 어린 직원들이 제대로 먹지도 못하고 일하는 것이 안쓰러워 자신은 집까지 몇 시간을 걸어가면서도, 교통비를 털어 빵을 사 주었지.

이 청년은 자신의 동생 같은 어린 노동자들이 학교도 다니지 못한 채, 쉬는 날도 없이 온종일 좁은 방에서 일하는 게 너무 안타까웠어. 하루에 14시간 넘게 일하면서 받는 월급은 겨우 1,500원이었지. 당시 쌀 한 가마니도 사지 못할 돈이야.

그러다가 노동자들을 위한 법인 '근로 기준법'을 알게 되었어. 학교 교육을 제대로 받지 못한 이 청년은 어려운 법조문을 읽는 것조차 힘들었지만 포기하지 않고 열심히 파고들었어.

일하는 사람들도 인간다운 대접을 받을 수 있다는 것을 알게 된 청년은 함께 일하는 사람들과 '바보회'라는 모임을 만들었어. 청년은 동료들과 함께 노동자도 사람이니 인간적인 환경에서 일할 수 있게 해 달라고 직장에 요청했지. 하지만 청년은 도리어 직장에서 쫓겨났단다.

청년은 근무 환경을 바꿔 달라며 노동청에 건의를 했으나, 노동청 역시 청년의 이야기를 무시해 버렸어. 청년은 마지막이라는 간절한 마음으로 대통령에게 편지를 썼어.

대통령마저도 자신의 편지에 관심을 기울이지 않자, 청년은 자신의 목숨을 희생하며 마지막으로 외쳤어.

"노동자도 사람이다!"

그는 평화시장에서 이 외침을 전하며 온몸을 불살랐어.

존경하는 대통령께

저는 동대문구 평화시장에서 일하고 있습니다. 이곳에서 일하는 사람은 2만여 명입니다. 이 중 많은 수가 여성입니다. 그런데 이곳에서는 하루 14시간씩 일을 합니다. 이에 대통령께 부탁드립니다.

……

일하는 환경을 최소한 이렇게 바꿔 주세요.

1일 14시간의 작업 시간을 10~12시간으로 줄여 주십시오.

한 달에 이틀 쉬는 것을 일요일마다 휴일로 쉬기를 희망합니다.

건강 진단을 정확하게 하여 주십시오.

……

당시 22세였던 이 청년의 이름은 전태일이야. 자신도 힘들면서도 형편이 더 어려운 사람들을 위하는 멋진 사람이었어. 사람들은 노동자들의 나은 삶을 위해 목숨까지 바친 전태일을 '아름다운 청년'이라고 부르기 시작했어. 그리고 대학생들을 비롯해 전태일의 소식을 들은 수많은 사람들은 일하는 사람들이 인간답게 살 수 있는 세상을 만들자고 외쳤어.

그렇게 세월이 지나면서 평화시장 앞에는 아름다운 청년을 기리는 전태일 동상이 세워졌고, 그곳의 다리도 '전태일 다리'라고 부르게 되었어.

40여 년이 훨씬 지난 지금 이 순간에도, 여전히 나쁜 환경에서 힘들게 일하는 사람들이 있어. 특히 위험하고 힘든 일은 주로 외국인 노동자들이 맡아서 하고 있지.

전태일 동상을 보면서, 이런 문제들에 대해 다시 한번 고민해 봤으면 좋겠구나.

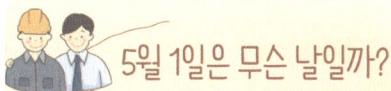

5월 1일은 무슨 날일까?

5월 5일은 어린이날이지? 5월 1일은 일하는 어른들의 날이라고 할 수 있어. 정식 이름은 '노동자의 날'이야. 열심히 일하는 사람들의 어린이날 같은 거지. 노동자의 날은 1886년, 미국의 노동자들이 하루 8시간 노동을 이룬 것을 기념하기 위해 만들어졌어. 미국에서도 하루에 10시간 넘게 일하던 때가 있었어. 당연히 사람들의 건강은 나빠졌지. 노동자들은 하루 8시간 근무를 요구하며 인간다운 삶을 갖기 위해 노력했고, 결국 자신의 힘으로 인간답게 일할 권리를 찾았어. 그래서 전 세계적으로 이날을 노동자의 날로 정해 기념하고 있는 거란다.

상품 진열의 비밀을 찾아서

우리 아까 박물관 이야기했지? 이번에는 대형 마트에 가 볼 거야. 대형 마트에서는 마치 박물관의 전시실처럼 상품을 보기 좋게 진열해 두지. 마트에 온 손님들은 관람객처럼 상품을 둘러보다가 이것저것을 카트에 골라 담아.

물건을 많이 팔기 위해, 대형 마트에서는 상품을 진열할 때 사람들의 심리를 이용해. 대형 마트의 판매 작전, 한번 알아볼까?

진열대와 카트의 비밀

대형 마트에 상품들이 진열된 모습은 무척 화려해. 매장에 제품을 배치할 때는 원칙이 있어. 같은 상품이나 똑같은 색깔이 반복되지 않게 하는 거야. 다채로운 색깔이 펼쳐지면 사람들이 다양한 상품에 관심을 기울일 수 있기 때문이지. 그리고 사람들의 눈길이 많이 가는 매장 앞쪽에는 여러 가지 색깔의 제철 과일들을 전시해서 팔아. 신선한 과일을 보여 주면 물건을 많이 사도록 마음을 잡아끄는 효과가 있다고 하거든.

이거 아니? 대형 마트에서 물건을 살 때 이용하는 쇼핑 카트가 점점 커지고 있다는 것을 말이야. 처음 대형 마트에 카트가 들어왔을 때는 85리터 크기였는데 지금은 무려 180리터를 담을 수 있게 되었어. 카트의 크기가 커진 까닭은 무엇일까?

바로 사람들의 마음을 꿰뚫어 본 대형 마트의 작전 때문이야. 카트가 커지

면 물건을 꽤 많이 담았는데도 여전히 빈 공간이 생기지. 같은 양이라도 작은 카트에 담으면 꽉 차 보이니까 더 이상 물건을 사지 않게 된대. 사람들은 대개 빈 공간이 있으면 채우려는 마음이 생기거든. 이 점을 이용해서 카트 크기를 점점 크게 만든 거야. 그래서 대형 마트에 가면 생각했던 것보다 물건을 더 사는 경우가 많지.

대형 마트에서 길 찾기가 어려운 까닭은?

대형 마트에서 필요한 물건을 사는 데 시간이 얼마나 걸릴까? 물건들은 넘쳐 나는데, 막상 사려고 했던 물건을 찾으려면 이리저리 헤매야 해. 물건을 파는 곳이 층마다 다른 경우도 많고. 이것도 대형 마트의 작전이야. 고객들이 최대한 마트에 오래 머물도록 상품을 배치한 것이지. 그래야 더 많은 상품을 골라 담을 테니까.

그렇게 돌아다니다 보면 유난히 눈에 잘 띄는 곳이 있어. 바로 '엔드캡'이란 곳으로, 판매대 양 끝에 툭 튀어나온 부분이야. 실제로 대형 마트에 온 고객들이 카트를 끌고 주로 통과하는 곳이야.

많은 사람들이 지나다니는 이곳에서는 행사도 자주 열리고, 이곳의 상품들은 훨씬 더 잘 팔리지. 가만히 생각해 봐. 마트에 갔을 때 시식 행사가 열린 곳이 어디였는지.

마지막으로, 물건을 다 고른 뒤 계산하는 순간에도 대형 마트는 끊임없이 물건을 사도록 유혹해. 카트를 끌고 긴 줄을 서는 계산대 앞을 떠올려 봐. 이곳에는 계산을 기다리던 고객들이 물건을 카트에 더 담도록 음료수나 껌, 초

콜릿 등을 진열해 놓고 있어. '아차, 저걸 빠뜨리고 안 샀네.' 하며 집게 되는 배터리 같은 간단한 소모품도 두었지.

어때? 모든 게 철저하게 마트가 계획한 작전이라는 거 이제 알겠지?

현명한 소비자가 되려면?

대형 마트에서 쇼핑을 하다 보면 '최저가', '1+1 행사' 등의 광고를 셀 수 없이 많이 보게 돼. 물건을 사는 입장에서는 이왕이면 싼 가격에 덤으로 하나

더 얻고 싶을 거야. 하지만 실제로 이런 행사 상품이 결코 싸지 않다는 점을 알아 둘 필요가 있어.

  대형 마트에서 판매하는 상품들은 대개 낱개보다는 묶음으로 팔아. 언뜻 보면 묶음으로 파는 상품이 더 싼 것 같지만, 그 반대인 경우도 있어. 게다가 묶음으로 된 상품은 양이 너무 많아, 미처 다 사용하지 못하고 버리기 쉽지. 이런 점을 생각하지 않으면 우리는 자원을 낭비하면서 잘못된 소비 생활을 할 수 있어.

  현명한 소비를 위해서는 꼭 필요한 물품이 무엇인지 확인하고, 대형 마트만이 아닌, 물건도 싱싱하고 값도 저렴한 전통 시장에 들러도 좋겠지.

하나 더 생각해 볼 게 있어. 대형마트가 잘되면 잘될수록 생기는 문제에 대해서 말이야. 대형 마트가 들어서면서 주변에 있는 많은 시장과 작은 가게들이 장사가 안 돼서 문을 닫고 있거든. 집 주변의 작은 가게들이 사라지다 보니, 장을 보려면 차를 타고 멀리 대형 마트까지 갈 수밖에 없게 된 거야.

요즘에는 대형 마트가 의무적으로 한 달에 두 번은 문을 닫게 하고 있어. 대형 마트 주변의 시장과 작은 가게들도 함께 살아야 하기 때문이야. 실제로 유럽에서는 시장 근처에 대형 마트를 세우는 것을 법으로 막고 있어.

우리의 전통 시장은 단지 물건만 사고파는 곳이 아니었어. 시장에서는 다양한 사람들이 만나 소식도 전하고, 탈춤이나 공연 등의 문화 행사도 열렸거든. 하지만 전통 시장이 대형 마트에 밀려 하나둘 사라지고, 그 역할도 많이 작아졌지.

우리끼리도 새로운 시장을 만들어 보는 건 어떨까? 학교에서 하는 일일 시장, 나눔 장터처럼 말이야. 더 이상 가지고 놀지 않는 장난감이나 작아져서 입지 못하는 옷 등 안 쓰는 물건을 가지고 와서 사고파는 거야.

가격을 정하고 흥정을 하다 보면 경제 원리도 배울 수 있을 거야. 재활용의 중요성과 나눔의 기쁨도 깨닫게 될 것이고. 어때? 사회 과목은 우리 삶과 정말 가까운 것 같지?

우리는 지금
세계화 시대에 살고 있어.

　　　　　지구가 마치 하나의 마을 같다고 해서 '지구촌'이라는 말이 생겨난 게 엊그제 같은데, 어느새 우리는 실시간으로 세계와 생생하게 마주하고 있어. 앞으로는 교통과 통신이 더욱 발달할 테니 세계와 더 가깝게 연결되겠지.
　이번에는 세계인의 축제, 올림픽을 중심으로 여러 나라들을 살펴볼 거야. 세계가 우리와 어떤 관계가 있는지 알아보며, 세계인들이 더불어 행복하게 살아가기 위한 방법들을 생각해 보면 좋겠어. 드넓은 세계 속으로 이제 떠나 볼까?

5
세계화 시대의 사회

세계인의 축제, 올림픽

빠르게 변해 가는 세계화 시대를 흥미롭게 살펴볼 수 있는 좋은 사례가 있어. 바로 지구촌 사람들의 축제, 올림픽이야. 올림픽이 열리면 각 나라를 대표하는 선수들이 경기에 나와 최선을 다해 뛰고, 세계 곳곳에서는 소리 높여 선수들을 응원하지. 이렇게 경기를 보는 것도 즐겁지만, 올림픽이 더욱 재미있는 이유는 개최하는 나라의 문화와 역사를 마주할 수 있기 때문이야.

런던 올림픽 개막식의 하이라이트

올림픽을 개최한 나라에서는 정식으로 올림픽의 시작을 알리는 개막식을 열어. 개막식 때 자기 나라의 자랑거리를 마음껏 뽐내며 역사와 문화, 계획 등을 널리 알리지.

전 세계 수많은 사람들이 올림픽을 직접 보기 위해 올림픽 개최국을 찾아가고, 각 나라의 방송국에서도 올림픽 기간 동안 특별 방송을 내보내 소식을 전하지. 이런 과정에서 올림픽을 개최한 나라는 관광 수입과 광고 수입을 크게 거둘 수 있어. 그래서 올림픽을 서로 개최하려고 여러 나라들이 경쟁을 하지.

2012년에는 영국 런던에서 올림픽이 열렸어. 영국은 전 세계에 무엇을 알렸을까? 런던올림픽 개막식 사진을 한 장 볼까? 사진 속 아이들이 무엇을 입고 있는 걸까?

런던 올림픽 개막식의 합창 장면

 올림픽 개막식인데 왜 아이들이 잠옷 바람으로 나왔을까요?
 잠옷을 입고 동요를 부르나요?

하하하. 꼭 잠옷처럼 보이지? 하지만 잠옷이 아니라 영국 어린이 병원의 환자복이야. 이 중에는 몸이 불편해서 휠체어를 타고 있는 친구들도 있었지. 런던 올림픽에서 이 장면은 꽤나 인상적이었어. 보통 개막식에서는 그 나라의 대표적 자랑거리를 내놓으며 화려한 장면들을 연출하는데 영국은 이와 달리 어린이들을 주인공으로, 런던에서 가장 사랑받는 어린이 병원(GOSH; Great Ormond Street Hospital)을 소개했어.

이때 어린이들과 함께 간호사 옷을 입은 무용수 600여 명이 수백 개의 침대를 끌고 나와 활기찬 춤을 추는 장면이 있었는데, 공연에 출연한 사람들은 전문 무용수가 아니라 국립 의료원에서 근무하는 직원들이었지.

이 어린이 병원은 어린이들이 무서워 하지 않고, 편안하게 치료받을 수 있도록 시설을 잘 갖춘 곳으로 유명해. 게다가 치료비를 받지 않지. 심지어 영양 상태가 좋지 않은 어린이들이 있으면 집에 가서 잘 먹어야 한다며 돈을 주기도 해.

이 병원이 영국 어린이들에게 인기가 많은 또 다른 이유는 〈피터팬〉 덕분에 세워졌기 때문이야. 〈피터팬〉을 쓴 영국의 작가 제임스 매튜 배리는 자신이 어린이들의 사랑으로 큰돈을 벌었으니, 어린이들을 위해 좋은 일을 하겠다며 이 병원을 지었거든. 여기에 감동한 많은 영국 사람들도 해마다 기부를 하면서 어린이들을 위한 최고의 병원으로 자리매김할 수 있었어.

영국은 어린이뿐만 아니라 모든 국민들이 무상으로 의료 혜택을 받아. 이러한 복지 정책을 자랑하기 위해 올림픽 개막식 장면에 어린이 병원을 선보인 거지. 그런데 개막식이 더욱 의미있었던 것은 영국의 보기 좋은 모습만 자랑하지 않았다는 거야.

개막식 중 기억에 남는 또 다른 장면은 공장 굴뚝과 공장에서 열심히 일하는 사람들을 표현한 것이었어. 영국은 세계 역사에 중요한 산업 혁명을 이끌었어. 산업 혁명 이후, 공장에서 한꺼번에 많은 물건들을 만들게 되며 경제도 발전하고 사람들의 삶도 편리해졌지. 하지만 빛이 있으면 그림자가 있듯 문제도 있었어.

산업 혁명이 일어났던 시기, 공장의 환경은 사람들이 일하기에 너무도 나

산업 혁명을 표현한 런던 올림픽 개막식 장면

빴어. 하루에 먹고 자는 시간을 빼놓고 14시간 이상 힘든 노동을 해야 했어. 심지어 열 살밖에 안 되는 어린이들까지 말이야. 당연히 일하다 병들고 다치는 사람들이 많았지. 앞서 전태일 열사가 살았던 1970년대 우리나라처럼 말이야.

그래서 영국은 산업 혁명이 안겨 준 선물과 사회 문제를 올림픽 개막식에서 함께 다룬 거야. 돈을 많이 버는 데에만 힘쓰기보다는 건강과 환경을 중요하게 여기며, 더불어 행복하게 살아가자는 뜻을 전 세계 사람들과 나눌 수 있는 무대였어.

8월 8일 오후 8시에 열린 베이징 올림픽 개막식

중국에서 열린 베이징 올림픽 개막식은 2008년 8월 8일 오후 8시에 시작되었어. 굳이 무더운 8월에 올림픽을 개최한 이유는 무엇일까?

중국 사람들이 유난히 좋아하는 숫자에 힌트가 있어. 숫자 8의 중국어 발음은 '빠'야. 그런데 중국어에는 '돈을 많이 번다'는 뜻의 '파 차이(发财)'라는 말이 있어. '빠'와 '파 차이'의 '파'가 비슷해서 중국 사람들은 8이라는 숫자를 좋아하지. 이런 문화를 반영해 올림픽 개막식 날짜와 시간을 모두 8에 맞춘 거야.

베이징 올림픽 개막식에서는 만리장성, 실크로드, 경극, 용의 불사조 춤 등 중국의 역사와 문화유산 이야기가 다채롭게 펼쳐졌어. '문자(文字)'라는 제목의 공연에서는 종이, 화약, 인쇄술 등을 세계 처음으로 발명한 중국 문명의 우수성을 알렸어. 화려했던 역사와 전통문화를 뽐내고 희망찬 미래를 세계와 함께 만들어 가자는 뜻을 담아냈지.

중국 문명의 우수성을 알린 베이징 올림픽 개막식

중국은 오래전부터 역사와 전통을 자랑한 나라였어. 하지만 19세기부터 서구 강대국들에게 힘을 빼앗기며 내리막길을 걷게 되었어. 그런 혼란한 시기를 겪은 중국은 다시 일어나며 세계 강대국으로 차츰 올라서기 시작했어. 나라 경제도 계속 발전하고 세계 제1의 인구 대국으로 눈부신 성장을 이루며 미국과 어깨를 나란히 하게 되었지.

중국에서는 이런 상황을 세계에 널리 알리고자 했어. 베이징 올림픽 개막식은 아주 좋은 기회였지. 이처럼 스포츠 경기뿐만 아니라 세계 여러 나라의 문화와 역사를 한눈에 살펴볼 수 있어서 올림픽이 더 의미있는 축제로 다가오는 것 같아.

벽을 넘어선 서울 올림픽

우리나라에서도 올림픽이 열렸지? 1988년에 열린 서울 올림픽. 서울 올림픽 개막식의 주제는 '벽을 넘어서'였어. 세계가 서로 싸우지 말고, 손에 손을 잡고 평화롭게 새로운 희망을 열어 가자는 의미를 담은 거야.

이런 제목을 붙인 이유가 있어. 실제로 서울 올림픽이 열리기 전에 있었던 두 차례의 올림픽은 반쪽 올림픽으로 치러졌어. 1980년에 소련에서 열린 모스크바 올림픽과, 1984년에 미국에서 열린 로스앤젤레스 올림픽이었지. 당시 미국과 소련을 중심으로 전 세계가 나뉘어 팽팽하게 맞서고 있었어. 총을 쏘며 전쟁을 하지는 않았지만 워낙 긴장된 분위기여서 이 시기를 '차가운 전쟁', 즉 '냉전의 시대'라고 불러. 이 시기, 정치적 입장이 다른 나라에서 올림픽이 열릴 경우 반대 세력은 참여하지 않았어. 다시 말해, 모스크바 올림픽에는 공산권 국가들만 참여하고 미국을 비롯한 서방 세력은 참여하지 않았고, 로스앤젤레스 올림픽에는 반대로 소련을 비롯한 국가들이 참여하지 않았어. 올림픽에서 평화와 화합의 뜻을 이루지 못한 거야.

그러다 서울 올림픽에 냉전으로 서로 대립했던 나라들이 참여하면서 비로소 이념, 인종, 종교의 벽을 넘어 세계가 화합하자는 뜻을 이룰 수 있었어. 그래서 개막식 주제를 '벽을 넘어서'로 정한 거야.

사실 이 벽은 바로 우리나라에도 있지. 바로 휴전선이라는 거대한 벽을 두고 남과 북이 분단되었으니까. 당시 올림픽 주제곡 〈손에 손 잡고〉가 전 세계적으로 큰 유행이 되면서 널리 불리기도 했단다.

하늘 높이 솟는 불
우리의 가슴 고동치게 하네
이제 모두 다 일어나
영원히 함께 살아가야 할 길 나서자
손에 손 잡고 벽을 넘어서
우리 사는 세상 더욱 살기 좋도록
손에 손 잡고 벽을 넘어서

우리나라는 올림픽 개막식에서 5천 년의 역사와 문화를 뽐내고, 한국 전쟁의 폐허 위에서 국민들의 힘을 모아 우뚝 일어선 모습들을 전 세계에 알렸어.

그때까지만 해도 우리나라가 올림픽을 개최할 정도로 발전하리라고 예상한 나라는 거의 없었어. 전쟁으로 폐허가 된 나라가 이렇게 빨리 눈부신 경제 성장을 이루고, 민주주의를 가꾸어 나가는 모습은 전 세계적으로 찾아볼 수 없었으니까. 서울 올림픽 개막식에서 전 세계에 평화의 메시지를 전달하면서 대한민국의 저력을 보여 주었지.

평화로운 축제가 되기 위하여

올림픽은 전 세계 사람들의 평화로운 잔치라고 했지? 올림픽이 열리는 기간만이라도 전쟁을 멈추고, 함께 경기를 즐기며 평화를 나누자는 뜻에서 올림픽이 시작된 거야. 하지만 평화를 기원하는 올림픽에, 우리나라는 마치 전쟁을 치르는 마음으로 나간 적이 있었지. 그것도 북한과 벌인 시합에서 말이야. 남과 북이 휴전선을 사이에 두고 맞서고 있어서 경기에서도 기필코 상대를 이기고자 했거든. 심지어 올림픽 개막식이나 폐막식에서도 선수들은 서로 아는 체도 하지 않고 따로따로 입장을 하곤 했어.

그런데 2000년, 오스트레일리아에서 열린 시드니 올림픽에서는 남과 북이 손을 잡고 '코리아'라는 이름으로 공동 입장을 했어. 경기장에는 〈아리랑〉이 흘러나왔고, 남북한 선수들은 한반도 지도가 그려진 깃발을 휘날리며 사이좋게 개막식에 참여했어. 경기장을 가득 메운 관중들은 모두 일어서서, 남과 북이 평화로운 올림픽 정신을 실천했다며 큰 박수로 맞이했어.

시드니 올림픽 이후 2002년 부산 아시안 게임, 2003년 아오모리 동계 아시안 게임과 대구 유니버시아드, 2004년 아테네 올림픽, 2005년 마카오 동

아시아 경기 대회, 2006년 토리노 동계 올림픽과 도하 아시안 게임까지 모두 8차례 남북 선수들은 함께 입장했어. 그러나 남과 북의 사이가 나빠지면서 더 이상 공동 입장은 이루어지지 않고 있단다. 다시 남과 북이 서로 사이좋게 공동 입장을 하는 모습을 볼 수 있으면 좋겠구나.

올림픽을 개최하면 자기 나라를 널리 알릴 수 있고, 수많은 관광객들이 와서 경제적으로도 큰 효과를 볼 수 있다고 했지? 그런데 최근에 올림픽 개최를 반대하는 시민들이 많아지고 있어. 왜일까?

 이상한 일이네요. 왜 올림픽을 반대하는 거죠?

 먼 나라에서 올림픽이 열리면 새벽에 일어나서 경기를 봐야 하니까 그런 거죠?

 좋은 일에 반대를 하다니, 나쁜 사람들이네요!

반대 의견이 무조건 나쁜 것은 아니야. 우리나라와 2018년 동계 올림픽을 두고 경쟁했던 나라는 독일이었어. 그런데 독일 뮌헨 시민들이 올림픽 개최를 반대한 사연은 우리에게도 교훈을 줘.

뮌헨 시민들은 동계 올림픽에 반대한다며 'NO 올림픽'이라는 뜻으로 인터넷 주소를 '놀림피아(Nolympia)'로 해서 사이트를 열었어. 그리고 동계 올림픽 유치를 거부하는 18가지 이유를 올리는 등 다양한 반대 운동을 펼쳤어. 18가지 이유 중에는 이런 주장이 있었단다.

이런 주장들은 귀담아 들을 필요가 있어. 무조건 올림픽을 유치하는 것만이 목표가 되어서는 안 되지. 올림픽 때문에 소중한 자연환경이 파괴된다는 건 큰 문제야. 그리고 단 한 번의 올림픽 행사를 위해 애써 지은 시설들이 올림픽이 끝난 뒤 활용되지 않는다면 골칫거리로 남겠지.

올림픽이 열리는 지역 주민들과 뜻을 맞춰야 하는 점도 아주 중요하단다. 올림픽이 모두를 위한 축제가 되려면 개최 지역의 환경도 살리고, 그 지역에 사는 사람들도 행복하게 축제에 참여해야 하니 말이야.

올림픽 순위 다시 보기

올림픽 경기를 볼 때 제일 관심 가는 게 뭐니?

- 당연히 금메달이죠.
- 맞아요. 금메달을 따면 뭉클해요.
- 우리나라가 몇 등 했는지도 중요해요.

그래, 열심히 경기를 펼친 선수들이 금메달을 따는 순간은 참 감동적이지. 그런데 올림픽이 평화의 잔치라는 말을 벌써 까먹은 건 아니겠지? 4년에 한 번, 세계 여러 나라 선수들이 스포츠 경기를 펼치면서 한데 어우러지는 거잖아.

하지만 막상 경기가 시작되면 승패와 메달 순위에만 집중하게 되지. 금메달을 따기 위해 치열한 경쟁을 하고 말이야. 그런데 올림픽 순위를 어떻게 정하는지 정확하게 알고 있니? 그 전에, 기준에 따라 순위가 어떻게 바뀌는지 함께 살펴볼까?

나라	금	은	동	순위
해	15	7	8	
별	10	12	15	
달	5	10	50	

어떤 나라가 1등일까? 우리 생각으로는 당연히 1등은 해나라지? 2등은 별나라, 3등은 달나라가 되겠구나. 그런데 미국이나 캐나다처럼 정반대로 순위를 매기는 나라가 있어. 달나라가 1등, 별나라가 2등, 해나라가 3등으로. 도대체 어떻게 된 걸까?

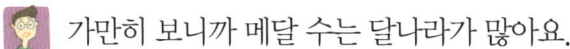

가만히 보니까 메달 수는 달나라가 많아요.
메달 전체 개수를 합쳐서 정한 것 같아요.
왜 그렇게 하는 거죠?

맞아. 금메달, 은메달, 동메달 순서가 아니라 메달을 딴 개수를 모두 합쳐서 정하는 거지. 왜 금메달 개수로 하지 않고, 전체 메달 개수로 순위를 결정했을까?

오로지 금메달만 값진 것으로 여기는 문제 때문이야. 누구나 1등을 하고 싶겠지만 그렇다고 2, 3등이 못한 것이 아니잖아. 올림픽은 각 나라에서 최고 선수들만 나오는 곳이야. 전 세계에서 두 번째로, 세 번째로 잘한다는 게 얼마나 대단한 실력이야. 그러니까 메달 색깔과 관계없이, 선수들의 노력과 실력을 동등하게 대우해 주는 거지.

실제로 국제 올림픽 위원회(IOC)에서는 국가별로 올림픽 순위를 매기지 않아. 올림픽은 축제의 장인데, 굳이 순위를 매길 필요가 없다는 이유에서이지. 그럼 우리가 텔레비전에서 보는 순위는 뭐냐고? 그건 각 나라에서 매긴 거야.

우리도 올림픽 경기를 볼 때, 금메달을 따는 것에만 관심을 둘 것이 아니라 최선을 다하는 모든 선수들을 응원해야겠지? 이게 바로 올림픽의 정신일 테니까.

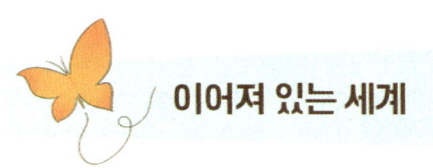
이어져 있는 세계

사회 시간에는 왜 세계 여러 나라들에 대해 배우는 것일까? '굳이 우리와 멀리 떨어진 세계 곳곳의 이야기까지 알아야 하나.' 하는 생각이 들지도 몰라. 그런데 알고 보면 세계는 하나로 이어져 있단다. 얼마나 가깝게 이어져 있는지 살펴볼까?

내가 켠 에어컨에 북극곰이 사라지는 이유

나비 효과라고 들어 보았니? 나비 효과는 나비가 날개를 한 번 펄럭였을 따름인데, 그 날갯짓이 다른 지역에서 태풍을 일으킬 수 있다는 뜻에서 지어졌어. 사소한 변화가 엄청난 결과를 불러온다는 말이지.

일단 북극곰 이야기를 들려줄게. 오늘날 북극곰은 위기를 맞았어. 북극곰들이 물에 빠져 죽는 일이 많아졌거든. 원래 북극곰은 수영을 아주 잘해. 하루에 무려 25킬로미터를 거뜬히 헤엄칠 수 있지. 북극곰이 만약 우리나라에서 산다면 한강을 마음껏 헤엄쳐 다니면서 서해 바다에서 여의도까지 오갈 수 있을 거야.

하지만 점점 지구가 뜨거워지면서 문제가 생겼어. 북극곰이 수영을 해서 물개나 물고기를 사냥할 때, 중간에 쉬어 갈 수 있는 얼음덩어리가 필요하거든. 이런 얼음이 녹으면서 잠시 숨 돌릴 곳이 없어진 거야. 쉴 곳을 찾지 못한 북극곰이 물에 빠져 죽는 일이 생기고 있어.

이게 나비 효과와 무슨 상관이냐고? 북극 얼음이 왜 녹게 되었는지 되짚어 보면 이해할 수 있을 거야. 북극곰이 위기를 맞은 건 북극의 얼음이 녹았기 때문이지? 얼음은 왜 녹았을까? 지구가 점점 뜨거워졌거든. 그래, 바로 지구 온난화 때문이지.

지구 온난화는 이산화탄소가 많이 배출되면서 일어나는 현상이야. 지구가 온실처럼 뜨거워지는 거지. 대개 온난화를 일으키는 물질은 공장에서 나오지만 우리도 알게 모르게 이산화탄소를 발생시키고 있어. 자동차를 타거나 에어컨을 켤 때 이산화탄소가 발생해. 무심코 일회용 컵을 쓰는 것도 지구 온난화에 영향을 끼쳐. 일회용 컵을 만들 때 이산화탄소가 나오고, 수많은 나무가 베이거든. 그러니 북극곰의 죽음은 우리가 생활 속에서 무심코 한 일의 결과일 수 있는 거야.

지구 온난화는 북극곰뿐 아니라, 세계 여러 나라의 사람들에게도 피해를 주고 있어. 얼음이 녹으면서 남태평양의 '투발루'라는 섬나라는 서서히 물에 잠기고 있어. 2060년에는 나라 전체가 물에 잠겨 사람들이 그곳에서 더 이상 살아갈 수 없게 된다고 해. 결국 투발루 사람들은 이웃 나라로 떠날 수밖에 없게 된 거야. 이처럼 지구 한쪽에서 벌어지는 매우 사소한 일이 지구 반대편에 엄청난 영향을 미치고 있지.

혹시 햄버거 좋아하니? 햄버거가 지구를 아프게 하는 건 알고 있니? 햄버거는 빵과 빵 사이에 소고기가 들어가지? 이 소고기를 얻기 위해 아마존의 열대림을 파괴하고 있단다. 소를 몇 마리만 키우면 문제가 되지 않겠지만, 전 세계에 햄버거를 공급하려면 소를 엄청 많이 길러야 해. 이를 위해 아마

존의 울창한 나무들을 베어 내고 그곳에 어마어마한 목장을 짓고 있지.

그뿐만이 아니야. 사람들은 소에게 먹일 옥수수를 재배하기 위해 숲을 없애고 커다란 옥수수 밭을 만들기 시작했어. 원래 소는 풀을 먹지 않느냐고? 맞아. 그런데 풀만 먹으면 소가 빨리 자라지 못한다며 옥수수 사료를 먹이고 있는 거야. 햄버거를 찾는 사람들이 많아지자, 소에게 먹일 옥수수가 더 많이 필요해졌어. 이에 숲이 계속 사라지고 있단다.

숲이 사라지면서 지구 온난화가 더욱 빨리 진행되고 있지. 우리는 햄버거 하나 먹는 건데, 그 영향은 너무나 크구나.

지금 먹는 음식은 어디에서 왔을까?

우리가 먹는 생선, 과일, 간식 등이 어디서 왔는지 알고 있니? 우리나라 농촌과 어촌이 아니냐고? 우리가 즐겨 먹는 과자만 봐도 얼마나 다양한 나라의 재료로 만들었는지 알 수 있어.

과자 봉지 뒷면을 본 적 있어? 유럽 덴마크, 아프리카 가나, 남아메리카 브라질과 아시아의 인도네시아, 말레이시아 등등 여러 나라의 원재료가 표기되어 있어. 예를 들어 덴마크에서는 우유 성분이, 가나에서는 카카오 그리고 말레이시아에서는 팜유 성분이 만들어졌다는 것을 알 수 있지.

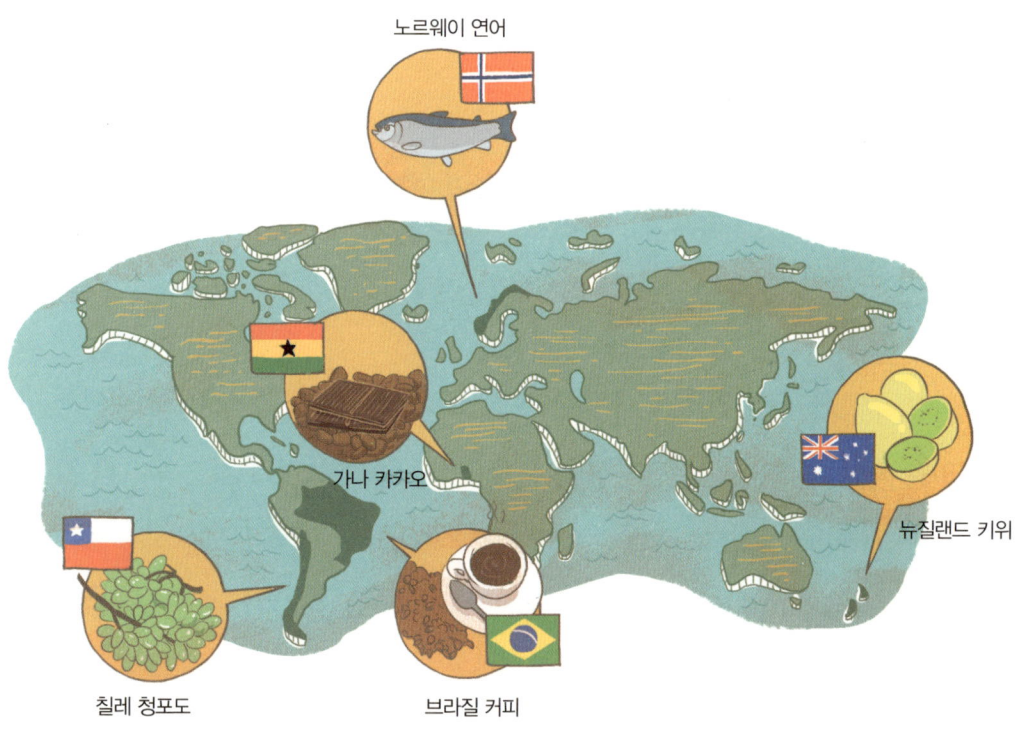

과일을 사러 가면 수입 농산물을 많이 볼 수 있을 거야. 혹시 우리나라와 칠레산 포도 가격을 비교해 본 적 있니? 우리나라에서 키운 포도보다 지구 반대편 칠레에서 키운 포도 값이 더 싸. 엄청나게 먼 거리를 이동해서 오는 것을 생각하면 칠레산 포도 값이 더 비싸야 할 것 같은데 말이지.

실제로 우리나라에서 칠레까지 가려면 비행기 값이 200만 원 넘게 들어. 그런데 이게 가능한 이유가 있어. 세계화 시대가 되면서 나라와 나라 사이에 상품을 사고파는 무역이 발달했기 때문이야. 칠레에서는 넓은 땅에 대량으로 포도를 키운 뒤, 커다란 화물선에 한꺼번에 많은 양을 실어 오기 때문에 우리나라 포도보다 가격을 내릴 수 있는 거야.

식량 생산은 늘어나고 있지만 굶주리는 사람들이 많은 까닭은?

전 세계 약 74억 명 사람들 중에 제대로 식사를 하지 못해 생명이 위독한 사람은 무려 9억 명 정도나 돼. 게다가 20억 명가량은 영양 상태가 좋지 못해. 이 숫자만 보면 사람 수에 비해 식량이 부족해서인 것 같지? 사실은 그렇지 않아. 오히려 세계에서 생산되는 식량은 인구수에 비해 훨씬 많아. 세계 식량의 총 생산량은 약 28억 5백만 톤이고, 소비량은 약 23억 3백만 톤이야. 무려 5억 2백만 톤이나 되는 식량이 남아.

문제는 식량이 전 세계에 골고루 나눠지지 않는다는 거야. 실제로 전 세계에 15억 명이나 되는 사람들이 비만으로 건강이 좋지 않다고 해. 음식물 쓰레기도 감당하지 못할 정도지. 지구 반대편에서는 사람들이 굶어 죽고 있는데 선진국에서는 남아도는 옥수수를 가축의 사료나 바이오 연료 등으로 만들어 쓰고 있어. 이에 국제 구호 단체에서는 가난한 나라를 위해 식량을 골고루 나누자고 주장하고 있어.

하지만 값이 싼 게 항상 좋은 게 아니야. 값싸게 포도를 재배하기 위해 화학 비료를 많이 쓰게 돼. 배로 몇 달 동안 운반해야 하기 때문에 상하지 않게 화학 처리도 하지. 게다가 먼 거리를 이동하는 과정에서 운송 차량이나 선박이 많은 탄소를 배출해서 지구의 환경이 나빠지는 문제도 생겨.

식품이 만들어진 곳에서 사는 곳까지의 거리를 계산한 '푸드 마일리지(food mileage)'라는 게 있어. 거리가 멀수록 푸드 마일리지 값이 커지는데, 그 값이 커질수록 환경에 나쁜 영향을 끼쳐. 음식의 신선도가 떨어지는 것은 물론이고.

반대로 푸드 마일리지 값이 작을수록 가까운 곳에서 만들어진 것이야. 이럴 경우 먹을거리는 신선하고 이동 과정에서 불필요하게 화학 처리를 하지 않아도 돼. 그러니 먼 곳보다 가까운 곳에서 온 먹거리가 좋겠지.

푸드 마일리지가 높다는 건 소비자들이 식품의 생산과 유통 과정을 알기

어렵다는 뜻이기도 해. 그래서 최근에는 '로컬푸드(local food)' 운동이 널리 퍼지고 있어. 로컬푸드 운동은 자신이 살고 있는 지역에서 생산한 제철 먹거리를 먹자는 거야. 옛날부터 우리나라에 전해지는 말 중에 '신토불이'가 있어. 이는 '우리 몸과 땅은 하나'라는 뜻으로 우리 땅에서 나고 자라는 음식이 건강을 지켜 준다고 했지.

화학 처리를 해서 먼 거리를 거쳐 온 음식이 몸에 좋을 리가 없겠지. 지구 환경이 나빠지는 것도 큰 문제고 말이야. 앞으로 가까운 우리 지역에서 키운 먹을거리를 구입해서 먹으면 좋겠어. 건강도 좋아지고 지구 환경도 살릴 수 있으니까.

앞으로는 푸드 마일리지를 줄여서, 지구 온난화를 막아 보자.

누구나 행복한 세상을 만들기 위하여

빨강, 노랑, 파랑뿐 아니라 세상엔 참 다양한 색깔이 있어. 그중 좋아하는 색깔이 뭐니? 수많은 색깔 중에는 이름이 사라진 것도 있어. 과연 어떤 색깔일까? 이 문제를 풀기 위한 힌트를 줄게.

어느 것이 살색일까?

색깔 중에서 '살색'에 대해 생각해 본 적 있니? 보통 살구색과 비슷한 색깔의 색연필이나 크레파스에 붙어 있는 이름이지. 그런데 살색을 한 가지로 정할 수 있을까?

전 세계 사람들은 저마다 피부색이 달라. 우리나라 사람끼리도 말이야. 피부가 검은 사람이 있고, 하얀 사람이 있잖아. 그래서 살색이란 이름을 사용하는 게 잘못되었다고 생각한 사람들이 국가 인권 위원회에 문제를 제기했어. 살색이라는 이름을 쓰는 것은 피부색이 다른 사람들에게 차별이 될 수 있다고 한 거야. 결국 살색 대신 살구색이라는 이름으로 불리게 되었어.

이와 같은 일은 우리 사회에서 점점 더 많아질 거야. 우리나라 운전면허 필기시험에는 영어와 중국어뿐만 아니라, 베트남어와 태국어까지 10개 언어로 된 시험지가 있어. 우리나라에 그만큼 외국인들이 많이 와서 함께 살아가기 때문이야.

2016년 조사에 따르면 우리나라에서 함께 살고 있는 외국인 수는 약 174만 명이나 된다고 해. 앞으로 20년에서 30년 후면 그보다 훨씬 늘어나서, 우리나라 인구의 20퍼센트 정도가 외국인일 거라고 해. 이건 우리나라뿐만 아니라 전 세계적으로 일어나고 있는 현상이야. 저마다 다른 문화 속에서 살아온 사람들이 더불어 살기 위해서는 서로 존중하는 태도가 필요해.

착한 초콜릿, 착한 무역

자, 드디어 마지막 이야기가 남았어. 기념으로 선물을 준비했어. 바로 착한 초콜릿.

 먹는 초콜릿이 어떻게 착해요?
 왜, 값이 싸니까 착한 초콜릿일 수도 있지.

초콜릿이 말을 잘 듣는 것도 아닌데 왜 착한지 궁금하지? 착하다니까 혹시 값이 싼 것은 아닐까 하는 생각이 드니?

착한 초콜릿의 비밀을 알기 위해서 우선 초콜릿이 어디에서 어떻게 만들어지는지 알려 줄게. 초콜릿은 카카오 열매로 만들어. 주로 아프리카 대륙에서 카카오 열매를 키우지. 이 과정에서 많은 사람들이 땀 흘려 일해. 하지만 카카오 열매를 키워 낸 사람들은 아주 적은 돈만 받아. 종일 일하고도 우리 돈으로 300원 정도밖에 받지 못하는 경우도 있어. 일한 만큼의 정당한 대가를 못 받고 있는 거지.

이런 문제를 해결하기 위해 '착한 초콜릿'이 등장했어. 일하는 사람들에게는 정당한 대가를 주고, 초콜릿을 제값 주고 사 먹는 거야. 단순히 임금만 높이는 것이 아니라 일하는 환경을 좋게 해서 초콜릿을 만드는 사람들도 행복하게 살 수 있도록 돕지. 그래서 '착한' 초콜릿이란 이름이 붙었어.

착한 초콜릿 말고도 착하게 물건을 사고파는 일들이 생활 곳곳에서 펼쳐지고 있어. 이런 거래를 공정 무역이라고 해.

공정 무역은 일하는 사람들의 건강과 환경뿐 아니라 물건을 사는 사람들의 건강까지 챙기는 착한 무역이야. 공정 무역 덕분에 소비자들도 믿을 수 있는 물건을 살 수 있으니까. 최근 공정 무역은 전 세계적으로 주목받고 있어. 공정 무역으로 거래되는 제품에는 마크가 붙어 있단다.

 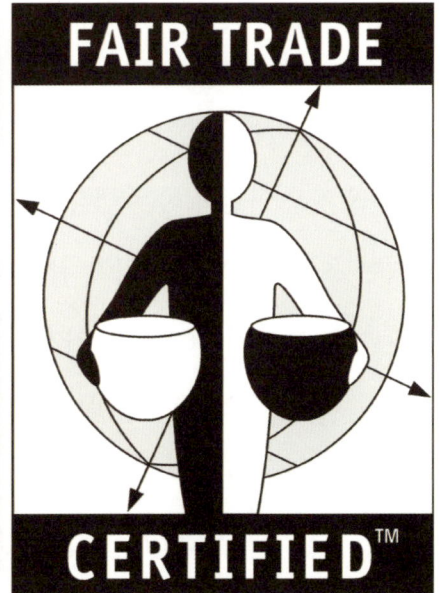

국제 공정 거래 제품에 사용되는 마크들

나 혼자만 잘살아서는 행복할 수 없어. 세상은 여러 사람이 함께 모여 사는 곳이기 때문이야. 마찬가지로 부유한 나라만 계속 돈을 벌고 가난한 나라 사람들은 점점 더 어려워지는 건 바람직하지 않아. 오늘날 많은 사람들은 공정 무역처럼 착한 소비를 통해 지구의 현재와 미래를 밝게 열어 가려고 하고 있단다. 친구들도 생활 속에서 친구와 이웃, 나아가 지구를 위해 할 수 있는 일들을 생각해 보았으면 좋겠어.

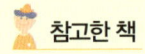
참고한 책

EBS 지식채널, 《지식e》(1~4권), 북하우스, 2009
김종엽 외, 《두근두근 한국사》, 양철북, 2016
류재명, 《종이 한 장의 마법, 지도》, 길벗어린이, 2006
마크 몬모니어, 손일 옮김, 《지도와 거짓말》, 푸른길, 1998
배성호, 《더불어 사는 행복한 경제》, 청어람주니어, 2010
배성호, 《우리나라가 100명의 마을이라면》, 푸른숲주니어, 2014
장 크리스토프 빅토르 외, 안수연 옮김, 《변화하는 세계의 아틀라스》, 책과함께, 2008
데이빗 J. 스미스, 노경실 옮김, 《지구가 100명의 마을이라면》, 푸른숲주니어, 2011
아서 제이 클링호퍼, 이용주 옮김, 《지도와 권력》, 알마, 2008
이원재, 《이상한 나라의 경제학》, 어크로스, 2012
전국지리교사모임, 《지리, 세상을 날다》, 서해문집, 2011
전국지리교사연합회, 《살아있는 지리 교과서》, 휴머니스트, 2011
김지은·임일화, 《어린이 토론학교: 과학과 기술》, 우리학교, 2016
박은봉, 《한국사 상식 바로잡기》, 책과함께, 2007
손석춘, 《10대와 통하는 미디어》, 철수와영희, 2012
전국역사교사모임 사료모임, 《내일을 읽는 토론학교: 역사》, 우리학교, 2011
전국사회교사모임, 《주제가 있는 사회 교실》, 돌베개, 2004
최용규 외 《살아있는 역사수업》, 교육과학사, 2006
강윤중, 《카메라, 편견을 부탁해》, 서해문집, 2015
김진혁, 《5분-세상을 마주하는 시간》, 문학동네, 2015
샤리 그레이든, 김루시아 옮김, 《광고는 왜 10대를 좋아할까?》, 오유아이, 2014
샤리 그레이든, 신재일 옮김, 《왜 10대는 외모에 열광할까?》, 오유아이, 2015
역사교육연구소, 《어린이들의 한국사》, 휴먼어린이, 2015
이임하, 《10대와 통하는 문화로 읽는 한국현대사》, 철수와영희, 2014
프랑코 코쉠바, 강수돌 옮김, 《경제 속에 숨은 광고 이야기》, 초록개구리, 2013
김찬호, 《문화의 발견》, 문학과지성사, 2007
박현희, 《행복을 배우는 경제수업》, 우리교육, 2008
신영복, 《변방을 찾아서》, 돌베개, 2012
이정은, 《어떻게 살아있는 박물관을 창조했는가》, 민속원, 2013

전국사회교사모임,《사회적 감수성을 키우는 시민 교과서》, 살림프렌즈, 2012
최석영,《박물관의 전시해설가와 도슨트, 그들은 누구인가》, 민속원, 2012
황윤,《박물관 보는 법》, 유유, 2015
김병연·배성호,《손에 잡히는 사회 교과서 13-겨레의 통일과 평화》, 길벗스쿨
박주희·주수원,《만들자 학교협동조합》, 맘에드림, 2015
서선연,《세계를 바꾸는 착한 초콜릿 이야기》, 북멘토, 2016
오노 카즈오·나카무라 유미코, 김규태 옮김,《평화는 어디에서 올까?》, 초록개구리, 2008
유네스코 아태 국제이해교육원,《세계시민교육 교수학습 길라잡이》, 2015
이정화,《세계사 속 톡톡 튀는 경제 이야기》, 북멘토, 2015
옹진환 외,《논쟁하는 정치교과서 2》, 신인문사, 2016

 사진 자료

서울대학교 규장각한국학연구원	혼일강리역대국도지도(모사본) 14
한국은행 화폐박물관	1만 원 지폐 24~26
현대중공업	쿠바 지폐 29
뉴시스	삼전도비 45
이제석 광고연구소	지하철 역 공익 광고 69
ENPA	동물 실험 반대 포스터 70
공익광고협의회	저출산 경고 포스터 74
국립중앙박물관	다뉴정문경 92, 반달돌칼 94
연합포토	런던 올림픽 개막식 115
위키커먼스	
freemapviewer	

저자와 도서출판 책과함께가 보유하고 있는 사진 자료는 출처를 따로 적지 않았습니다.
도서출판 책과함께는 이 책에 실은 모든 사진 자료의 출처와 저작권자를 찾아 허락을 받기 위해 최선을 다했습니다.
허가를 받지 못한 일부 도판은 저작권자가 확인되는 대로 사용 허가를 받고 일반적인 사용료를 지불하겠습니다.

사회는 외우는 게 아니야!
수다로 푸는 유쾌한 사회

1판 1쇄 발행 2016년 11월 10일
1판 4쇄 발행 2019년 12월 15일

글 | 배성호
그림 | 박진주

펴낸이 | 류종필
편집 | 장이린, 설예지
디자인 | su:
마케팅 | 김연일, 김유리

펴낸곳 | (주)도서출판 책과함께
주소 | 서울시 마포구 동교로 70 소와소빌딩 2층
전화 | 02-335-1982 팩스 | 02-335-1316
전자우편 | prpub@hanmail.net
블로그 | blog.naver.com/prpub
등록 | 2003년 4월 3일 제25100-2003-392호

ISBN 979-11-86293-66-9 73300

이 책의 저작권은 지은이 배성호와 그린이 박진주 그리고 도서출판 책과함께에 있습니다.
이 책의 내용을 이용하려면 저작권자와 출판사에게 모두 서면동의를 받아야 합니다.
잘못된 책은 구입하신 서점에서 바꾸어 드립니다.

이 도서의 국립중앙도서관 출판시 도서목록(CIP)은 서지정보유통지원시스템 홈페이지(http://seoji.go.kr)와
국가자료공동목록시스템(http://www.nl.go.kr/kolisnet)에서 이용하실 수 있습니다(CIP 제어번호: 2016026591).